Sebastian Frick

Die EMRK und das europäische Verbot der Folter (Art. 3) in der deutschen Rechtsordnung

Wirksame Grenze des staatlichen Umgangs mit Festgenommenen und Inhaftierten?

Bachelor + Master
Publishing

Frick, Sebastian: Die EMRK und das europäische Verbot der Folter (Art. 3) in der deutschen Rechtsordnung: Wirksame Grenze des staatlichen Umgangs mit Festgenommenen und Inhaftierten?, Hamburg, Bachelor + Master Publishing 2013
Originaltitel der Abschlussarbeit: Die EMRK und das europäische Verbot der Folter (Art. 3) in der deutschen Rechtsordnung: Wirksame Grenze des staatlichen Umgangs mit Festgenommenen und Inhaftierten?

Buch-ISBN: 978-3-95549-360-8
PDF-eBook-ISBN: 978-3-95549-860-3
Druck/Herstellung: Bachelor + Master Publishing, Hamburg, 2013
Zugl. Hochschule für öffentliche Verwaltung Kehl, Kehl, Deutschland, Bachelorarbeit, September 2011

Bibliografische Information der Deutschen Nationalbibliothek:
Die Deutsche Nationalbibliothek verzeichnet diese Publikation in der Deutschen Nationalbibliografie; detaillierte bibliografische Daten sind im Internet über http://dnb.d-nb.de abrufbar.

© Bachelor + Master Publishing, Imprint der Diplomica Verlag GmbH
Hermannstal 119k, 22119 Hamburg
http://www.diplomica-verlag.de, Hamburg 2013
Printed in Germany

Danksagung / Vorwort

Ich danke allen, die mich bei der Erstellung dieser Bachelorarbeit in irgendeiner Weise unterstützt haben. Ganz besonders möchte ich mich bei Herrn Professor Dr. Kay-Uwe Martens (Hochschule für öffentliche Verwaltung, Kehl) und Herrn Oberregierungsrat Dierk Thümmel (Regierungspräsidium Stuttgart) für die Betreuung dieser Arbeit bedanken. Sie standen mir mit ihrem Fachwissen und guten Ratschlägen allzeit zur Seite.

In der nachstehenden Arbeit wird überwiegend die männliche Form verwendet. Dies dient allein der Vereinfachung. Selbstverständlich sind Frauen und Männer in dieser Bachelorthesis gleichgestellt.

Hinweise auf Artikel ohne Zusatz beziehen sich auf die Konvention zum Schutze der Menschenrechte und Grundfreiheiten (EMRK). Behandelt wird die Konvention in der Fassung nach Inkrafttreten des 14. Protokolls vom 01.06.2010.

Inhaltsverzeichnis

Abkürzungsverzeichnis

a.F.	alte Fassung
Abl.	Amtsblatt
Abs.	Absatz, Absätze
AEMR	Allgemeine Erklärung der Menschenrechte (1948)
AfrKMR	Afrikanische Charta der Menschenrechte und Rechte der Völker (1986)
AmMRK	Amerikanische Menschenrechtskonvention (1969)
appl. no.	application number
APuZ	Aus Politik und Zeitgeschichte
Art.	Artikel
Aufl.	Auflage
Bf.	Beschwerdeführer
BGBl.	Bundesgesetzblatt
BGH	Bundesgerichtshof
bspw.	beispielsweise
BVerfG	Bundesverfassungsgericht
BVerfGE	Entscheidungen des Bundesverfassungsgerichts
BW / bw	Baden-Württemberg / baden-württembergisch(es)
bzw.	beziehungsweise
CAT	UN-Ausschuss gegen Folter (Comitee Against Torture)
CPT	Europäischer Ausschuss zur Verhütung von Folter und unmenschlicher oder erniedrigender Behandlung oder Strafe
D.	Hr. Daschner, ehemaliger Vize-Präsident der Frankfurter Polizei
d.h.	das heißt
DDR	Deutsche Demokratische Republik
DÖV	Die Öffentliche Verwaltung
E.	Hr. Ennigkeit, ehemaliger Polizeibeamter
ECPT	Europäisches Übereinkommen zur Verhütung von Folter und unmenschlicher oder erniedrigender Behandlung oder Strafe (1987)
EG	Europäische Gemeinschaft(en)
EGMR	Europäischer Gerichtshof für Menschenrechte gemäß Art. 19 EMRK
EKMR	Europäischen Kommission für Menschenrechte gemäß Art. 19 EMRK alte Fassung
EMRK	(Europäische) Konvention zum Schutz der Menschenrecht und Grundfreiheiten (1950)
EU	Europäische Union
EuGRZ	Europäische Grundrechte Zeitschrift
famos	Der Fall des Monats im Strafrecht
f.	folgende (Singular)
ff.	folgende (Plural)
GBl.	Gesetzblatt
gem.	gemäß
GG	Grundgesetz für die Bundesrepublik Deutschland (1949)
GK	Große Kammer des EGMR
GRC	Charta der Grundrechte der Europäischen Union (2000)

HRLJ	Human Rights Law Journal
HRRS	Onlinezeitschrift für Höchstrichterliche Rechtsprechung zum Strafrecht
Hrsg.	Herausgeber
i. H. v.	in Höhe von
i. S. d.	im Sinne des
i. V. m.	in Verbindung mit
Ibid.	ebenda
IP	Internationaler Pakt über bürgerliche und politische Rechte (1966)
JR	Juristische Rundschau
Jura	Juristische Ausbildung
JVA	Justizvollzugsanstalt
JZ	JuristenZeitung
Kap.	Kapitel
KritV	Kritische Vierteljahresschrift für Gesetzgebung und Rechtswissenschaft
LG	Landgericht
lit.	Buchstabe
NGO	nichtstaatliche Organisation(en)
NJW	Neue Juristische Wochenschrift
Nr.	Nummer
NStZ	Neue Zeitschrift für Strafrecht
ÖJZ	Österreichische Juristenzeitung
OLG	Oberlandesgericht
OPCAT	Fakultativprotokoll zum Übereinkommen gegen Folter und andere grausame, unmenschliche oder erniedrigende Behandlung oder Strafe (2006)
PolG	Polizeigesetz
Rep.	EGMR Reports (1996-1998), Reports of Judgements and Decisions (seit 1999)
Rn.	Randnummer
S.	Seite
sog.	so genannt, so genannten
SPT	Subcomitee on Prevention of Torture
StGB	Strafgesetzbuch, BGBl. I S. 1
StPO	Strafprozessordnung, BGBl. I S. 1074
u.a.	unter anderem, und andere
UN	United Nations, Vereinte Nationen
VBlBW	Verwaltungsblatt Baden-Württemberg
VfO-EGMR	Verfahrensordnung des Europäischen Gerichtshofs für Menschenrechte, BGBl. II 2002, S. 1080
Vgl.	vergleiche
VNC	Charta der Vereinten Nationen (1945)
WVÜ	Wiener Übereinkommen über das Recht der Verträge (1969)
ZEUS	Zeitschrift für Europarechtliche Studien
Z.	Ziffer, Zahl
ZSR	Zeitschrift für Sozialreform
ZStW	Zeitschrift für die gesamte Strafrechtswissenschaft

1 Einleitung

Der Umgang mit Folter[1] oder ähnlichen Handlungen spiegelt in gewisser Weise die moralischen Werte einer Gesellschaft wider. Es scheint klar zu sein, dass Folter in der westlichen, demokratischen Gesellschaft keinen Platz hat. Folterhandlungen werden meist mit totalitären Systemen oder Schurkenstaaten verbunden. Sicher kam es auch in der deutschen Vergangenheit zur Anwendung von Folter. Dies wird auf der zeitlichen Schiene aber gerne dem finsteren Mittelalter oder den Hexenprozessen zugeordnet. Dass in Zeiten des Nationalsozialismus oder in der DDR gefoltert wurde, wird auch nicht bestritten. In das 21. Jahrhundert und somit in die europäischen Rechtstaaten passt Folter jedoch nicht. Dies würde in den aufgeklärten Staaten einen enormen Wertezerfall darstellen.

So könnte man wohl die allgemeine Stimmungslage zum Thema „Folter" wiedergeben. Die Existenz von Folter ist bekannt, jedoch sieht man sich in Deutschland nicht damit konfrontiert. Sollte das Verbot der Folter somit nicht als Selbstverständnis Einzug in die europäischen Gesellschaften erhalten?

Ein Fall, der sich im Jahre 2002 in Frankfurt am Main abgespielt hat, zeigte, dass dieses Selbstverständnis eben nicht existiert und auch nicht immer angenommen werden kann. Schnell ist zu erkennen, dass die Vorwürfe gegen das Frankfurter Polizeipräsidium keinen Einzelfall darstellen. In den letzten Jahren sahen sich Behörden in vielen anderen europäischen Staaten ähnlichen Foltervorwürfen gegenüber.

Das eben noch als existenzieller Bestandteil der Werteordnung angesehene Verbot der Folter gerät ins Wanken. Es besteht die Gefahr, dass es unterwandert wird. Eine Ächtung der Folter ausschließlich auf moralischer Ebene ist als unrealistisch und unwirksam anzusehen.

---

[1] Definition aus Brockhaus, S. 221: „Erzwingung von Geständnissen des Beschuldigten durch Auferlegen körperlicher Qualen."

Der Europarat hat dies bereits nach dem 2. Weltkrieg erkannt. Mit der Verabschiedung der *Konvention zum Schutz der Menschenrechte und Grundfreiheiten*,[2] kurz EMRK im Jahre 1950, wurde der Folter auf der europäischen, völkerrechtlichen Ebene ihre Legitimität entzogen. Seither unterliegen Folter und ähnliche Handlungen dem europäischen Verbot der Folter aus Art. 3 EMRK.

Eben dieser Art. 3 ist der elementare Gegenstand dieser Arbeit. Sowohl die EMRK als auch die Inhalte, die Charakteristik und die Auswirkungen des Art. 3 werden beleuchtet. Dies soll mittels einer umfassenden Betrachtung geschehen, in der verschiedene Wirkungsweisen des Art. 3 aufgezeigt werden. Anhand dieser wird dann beurteilt, ob die EMRK und Art. 3 getreu dem Titel dieser Arbeit *eine wirksame Grenze des staatlichen Umgangs mit Festgenommenen und Inhaftierten* darstellen.

Zuerst wird untersucht, ob die EMRK als Instrument im Völkerrecht die geeigneten Voraussetzungen für die Durchsetzung des Verbots der Folter schafft (Kap. 2). Nachdem die Inhalte des Art. 3 thematisiert wurden (Kap. 3) werden dann zwei spezielle Einflussfaktoren des Art. 3 analysiert: Die Verurteilungen Deutschlands durch den EGMR (Kap. 4) und die Fallgruppe der Inhaftierten (Kap. 5).

Ziel der Arbeit ist es nicht, die einzelnen Faktoren (bspw. die „Rettungsfolter"[3]) vollständig zu beurteilen, sondern eben die angesprochenen verschiedenen Wirkungsweisen des Art. 3 aufzuzeigen.

An drei Stellen der Arbeit wird anhand von kurzen Resümees beurteilt, welche verschiedenen Auswirkungen das europäische Verbot der Folter zur Folge hat.

---

[2] BGBl. II 2010 S. 1198.
[3] Definition aus Waadt, Todesschuss und Rettungsfolter, S. 11: „Als Rettungsfolter bezeichnet man die Anwendung von Folter durch eine Amtsperson im Rahmen der Gefahrenabwehr, um eine Person zu einer Aussage zu zwingen, durch die ein bedrohtes Rechtsgut geschützt werden soll."

2 Die Europäische Menschenrechtskonvention (EMRK)

2.1 Allgemeines zur EMRK

Straßburg, den 19.10.2010 - Europa hat allen Grund zur Freude! Anlass hierzu ist ein Jubiläum der besonderen Art: Vor 60 Jahren wurde die *Konvention zum Schutz der Menschenrechte und Grundfreiheiten* verabschiedet. Eine Konvention, die mittlerweile über 800 Millionen Menschen in 47 Staaten umfassende Menschenrechte zusichert.

In diesen 60 Jahren befand sich die Welt und Europa im ständigen Wandel: Bis über die 1950er Jahre hinaus erholte sich Europa von den Schrecken und Gräueltaten des 2. Weltkrieges, bis in die 1980er befanden sich die Westmächte und der Ostblock im Kalten Krieg und auch die Terroranschläge von New York und Washington am 11.09.2001 sowie die daraus resultierenden kriegerischen Auseinandersetzungen in Afghanistan und im Irak veränderten die Welt und Europa nachhaltig. So waren auch die Menschenrechte in dieser Zeit einem laufenden Prozess unterbunden, da sich der Schutz jener immer neueren Anforderungen gegenüber sah.

Um die Entstehungsgeschichte und die Entwicklung der EMRK schlüssig darzulegen, muss aber am Anfang dieser 60 Jahre begonnen werden. Anhand weiterer Meilensteine wird der „Werdegang" der EMRK chronologisch beleuchtet.

Die EMRK ist eine regionale Menschenrechtskonvention, die von den Mitgliedsstaaten des Europarates[4] ausgearbeitet worden ist. In der Satzung des Europarates ist wie schon in der *Charta der Vereinten Nationen (VNC)* der Menschenrechtsschutz als Aufgabe festgeschrieben.[5] Die EMRK wird durch die Ratifizierung der Vertragsstaaten verbindlich. Durch die Ratifizierung ver-

---

[4] Der Europarat stellt ein von 47 europäischen Staaten gebildetes Bündnis dar. Er wurde am 05.05.1949 gegründet und hat seinen Sitz in Straßburg. Er hat es sich zur Aufgabe gemacht, die soziale und wirtschaftliche Zusammenarbeit seiner Mitgliedsstaaten zu fördern. Deutschland ist seit 1950 Mitglied.

[5] Art. 1 lit. b und Art. 3 der Satzung des Europarates.

pflichten sich die Vertragsstaaten, allen Personen, die unter ihrer Hoheitsgewalt stehen, die Vertragsrechte des Abschnitts I des EMRK zuzusichern (Art.1). Diese Rechte werden somit unmittelbar durch das Völkerrecht geschaffen; die Mitgliedsstaaten werden nicht verpflichtet, diese Garantien in innerstaatliches Recht aufzunehmen.[6]

Am 03.09.1953 trat die EMRK durch die Ratifikation durch zehn Staaten in Kraft. Auch Deutschland gehörte durch seine Ratifikation am 05.12.1952 zu den Mitgliedstaaten der ersten Stunde. Im Rahmen des regionalen Menschenrechtsschutzes ist die vom Europarat ausgearbeitete EMRK somit als ältestes Vertragswerk ihrer Art anzusehen. Die Gründe für die Erarbeitung der Konvention sind mit dem Ende des 2. Weltkrieges verbunden. Es war klar, dass der Schutz der Grund- und Menschenrechte keinesfalls mehr unter einem politischen System wie dem Nationalsozialismus leiden darf. Weiter war bewiesen, dass nationaler Grund- und Menschenrechtsschutz zu einfach missbraucht werden kann. Aber auch im Hinblick auf das totalitäre System des sowjetischen Kommunismus sollte die EMRK Schutz gebieten.[7]

Es entstand eine sogenannte „geschlossene Konvention", was bedeutet, dass sie nur von Mitgliedsstaaten des Europarates ratifiziert werden kann (Art. 59). Umgekehrt können Staaten, die Mitglied im Europarat werden wollen, dies nur, wenn sie die EMRK und die Protokolle dazu zeichnen.

Mit dem Inkrafttreten der EMRK wurde auch ein eigenständiges Rechtsschutzsystem geschaffen. Neben dem EGMR sah die Konvention anfangs noch eine Kommission[8] als zweites Organ vor. Die EKMR wurde 1954 gebildet und der EGMR nahm seine Arbeit 1958 auf. Für diese Institutionen waren zwei Verfahrensarten vorgesehen: Die Staatenbeschwerde (Art. 33) und die Individualbeschwerde (Art. 34).[9]

---

[6] Meyer-Ladewig, EMRK, Einleitung, Rn. 28.
[7] Grote/Marauhn, EMRK/GG, Kap. 1, Rn. 10.
[8] Es ist die Rede von *der Europäischen Kommission für Menschenrecht (EKMR)*.
[9] Die Anerkennung der Staatenbeschwerde ging mit dem Beitritt zur EMRK einher. Für die Anerkennung der Individualbeschwerde und der Unterwerfung unter die Zuständigkeit des EGMR war eine gesonderte Erklärung notwendig (Art. 25 I und Art. 46 I EMRK a.F.).

Die Schaffung einer Vereinbarung zum Individualbeschwerdeverfahren erwies sich als schwierig, da die Möglichkeit des direkten Zugangs für Individuen zum EGMR von vielen Staaten nicht gewünscht war.[10] So verständigte man sich darauf, dass die Individualbeschwerde nur vor der EKMR zulässig war. Diese entschied dann, ob die Beschwerde an den EGMR weitergereicht wurde.[11] Gerade aber der Individualrechtsschutz war für die Entwicklung des gesamten Konventionsrechts in den 60 Jahren von entscheidender Bedeutung. Die anfängliche Akzeptanz der Individualbeschwerde hielt sich allerdings in Grenzen. Von den großen europäischen Staaten hat allein Deutschland 1955 frühzeitig das Verfahren der Individualbeschwerde anerkannt. Die Gründe für diese baldige Anerkennung Deutschlands sind offensichtlich mit historischen Gründen verbunden.[12] Auf Deutschland folgten von den einflussreichen Staaten Europas Großbritannien mit der Anerkennung 1966 und Frankreich erst 1981.

Die schon angesprochenen Protokolle stellen eine weitere Besonderheit der EMRK dar. Neben den Änderungsprotokollen, welche die Verfahren der EMRK reformieren und somit als Verfassungsänderung der Ratifikation aller Mitgliedsstaaten bedürfen, können die sog. Zusatzprotokolle auch in Kraft treten, wenn sie noch nicht von allen Mitgliedsstaaten ratifiziert wurden. Die Zusatzprotokolle gewähren zusätzliche neue menschenrechtliche Garantien oder erweitern schon bestehende Garantien. Die in den Zusatzprotokollen enthaltenen Rechte sind somit nur für die Staaten verbindlich, welche die entsprechenden Protokolle auch ratifiziert haben. Dies führt dazu, dass nur ein Kernbestand von Rechten für alle Mitgliedsstaaten bindend ist und sich dadurch materiell unterschiedliche Standards in den Mitgliedsstaaten ergeben können.

Die Konvention wurde mittlerweile um 14 Protokolle ergänzt, wobei das 14. Protokoll[13] erst am 01.06.2010 in Kraft trat. In den Protokollen Nr. 1, 4, 6, 7, 12

---

[10] Ehlers, Europäische Grundrechte, § 1, Rn. 8.
[11] Vgl. Art. 48 EMRK a.F.: Liste der Antragsberechtigten.
[12] Ehlers, Grundrechte, § 1, Rn. 12.
[13] BGBl. II 2009 S. 823 = EuGRZ 2009, S. 417.

und 13 sind zusätzliche materielle Rechte enthalten; es sind folglich Zusatzprotokolle. Die Protokolle Nr. 2, 3, 5, 8, 9, 11 und 14 sind hingegen Änderungsprotokolle. Die Bundesrepublik Deutschland hat bis dato außer zwei Protokollen alle ratifiziert.[14]

Als eines der wichtigsten Protokolle ist wohl das 11. Änderungsprotokoll[15] (1998) anzusehen. Das Rechtsschutzverfahren wurde durch dieses in großem Umfang modifiziert. Durch das Protokoll wurde die EKMR und somit die oben aufgezeigte Zweistufigkeit des Individualbeschwerdeverfahrens abgeschafft. Seit dem 01.11.1998 gibt es somit nur noch den EGMR. Dieser wurde mit dem 11. Änderungsprotokoll indes zu einem ständig tagenden Organ der EMRK (Art. 19). Das Ministerkomitee wurde als Überwachungsorgan für die Ausführung der Urteile des EGMR beibehalten (Art.46 II).

Die Zahl der Richter des EGMR entspricht derjenigen der Vertragsparteien der Konvention (Art. 20). Sie vertreten keine Mitgliedsstaaten sondern handeln unabhängig.[16] Die Prüfung der Beschwerden erfolgt je nach Rechtssache in Einzelrichterbesetzung, in Ausschüssen mit drei Richtern, in Kammern mit sieben Richtern oder in schwerwiegenden Fragen in der Großen Kammer mit 17 Richtern (Art. 26).

Die Zulässigkeitsvoraussetzungen für eine Individualbeschwerde vor dem EGMR werden in Art. 35 geregelt. So weist der EGMR eine Beschwerde ab, wenn die innerstaatlichen Rechtsbehelfe nicht erschöpft sind (Art. 35 I). Da dieses Erfordernis nicht absolut gilt, berücksichtigt der EGMR hier sowohl nationale Besonderheiten sowie die innerstaatliche Praxis und die Umstände des Einzelfalles als auch die persönliche Situation des Beschwerdeführers.[17]

Dass die Möglichkeit zur Individualbeschwerde mittlerweile eine hohe Zustimmung erhalten hat, ist unbestritten. Auch die Modifikationen des 11. Protokolls konnten den EGMR nicht vor einer regelrechten Klage-Flut bewahren. So

---

[14] Weitere Informationen zum Stand der Ratifikationen der Protokolle unter http://www.egmr.org/emrk/emrk.html (Stand: 03.08.2011).
[15] BGBl. II 1995 S. 579.
[16] Grabenwarter, EMRK, § 8,Rn. 1.
[17] Ibid. § 13, Rn. 20.

waren im Januar 2011 139.650 (2.381)[18] Beschwerden anhängig, von denen im Jahr 2010 61.300 (1.683) einem Spruchkörper zugewiesen wurden. Im Gegensatz zu diesen hohen Fallzahlen hat der EGMR im Jahr 2010 nur 2.607 (36) Urteile gefällt und mehr als 38.500 Beschwerden abgewiesen. Von den 36 Urteilen, die in Verfahren gegen Deutschland gefällt wurden, wurde bei 29 Urteilen ein Verstoß gegen ein Schutzrecht der EMRK festgestellt. Insgesamt sprach der EGMR in der Zeit seines Bestehens von 1959 bis 2010 13.697 (193) Urteile. Von den Urteilen die in Verfahren gegen Deutschland gefällt wurden, stellte der EGMR 128 Verstöße gegen die EMRK fest, darunter zwei Verstöße gegen Artikel 3 (Unmenschliche oder erniedrigende Behandlung).[19]

Folgende Zahlen verdeutlichen den enormen Anstieg an Beschwerden im Laufe der Jahrzehnte: 1955 sind 138 Beschwerden gezählt worden, 1985 waren es 600 und 2005 schon 41.500.[20] Von den insgesamt 13.697 Urteilen wurden vom EGMR und der EKMR bis zum Inkrafttreten des 11. Protokolls am 01.11.1998 837 Urteile gefällt. Die übrigen 12.860 Urteile wurden in der Zeit von 1998 bis 2010 vom ständigen EGMR ausgesprochen. Allein seit dem Inkrafttreten des 11. Protokolls hat sich die Zahl der Beschwerden pro Jahr jeweils um etwa ein Drittel erhöht.[21]

Gründe für diesen exponentiellen Anstieg sind zum einen die steigende Zahl an Mitgliedsstaaten der EMRK und zum anderen das immer größer werdende Vertrauen in den EGMR sowie die zunehmende Popularität des Kontrollsystems in den Vertragsstaaten.[22]

Antworten auf diese Problematik will man mit dem zuletzt verabschiedeten 14. Protokoll finden. Das Verfahrensrecht soll in diesem dahingehend geändert werden, dass der EGMR „(…) seine Effizienz (…) steigern und seinen Rück-

---

[18] Die Angaben in Klammer stehen jeweils für Verfahren, die gegen Deutschland gerichtet sind bzw. waren.
[19] EGMR, Jalloh, Z. 83; EGMR, Gäfgen (GK), Z. 132.
[20] Meyer-Ladewig, EMRK, Einleitung, Rn. 4.
[21] Die Statistiken des EGMR sind abrufbar unter http://www.echr.coe.int/ECHR/EN/Header/Reports+and+Statistics/Statistics/Statistical+informati on+by+year/ (Stand: 03.08.2011).
[22] Meyer-Ladewig, EMRK, Einleitung, Rn. 4.

stand bei der Bearbeitung der eingereichten Beschwerden (…) beheben"[23] kann. In der Präambel des 14. Protokolls heißt es, dass die Mitgliedsstaaten das Protokoll unterzeichnen, weil „(…) es dringend erforderlich ist, einzelne Bestimmungen der Konvention zu ergänzen, um insbesondere in Anbetracht der stetigen Zunahme der Arbeitslast des Europäischen Gerichtshofs für Menschenrechte und des Ministerkomitees des Europarats die langfristige Wirksamkeit des Kontrollsystems zu wahren und zu verbessern" und weiter „(…) dass der Gerichtshof weiterhin seine herausragende Rolle beim Schutz der Menschenrechte in Europa spielen kann".

Desweiteren wurde mit dem 14. Protokoll die Voraussetzung für den Beitritt der EU in die EMRK geschaffen (Art. 59 II).

2.2 Die EMRK als Teil des allgemeinen Völkerrechts

Der EGMR hat festgestellt, dass die EMRK keineswegs ein „self-contained regime"[24] ist, sondern vielmehr Teil des allgemeinen Völkerrechts.[25] So ist die EMRK soweit möglich in Übereinstimmung mit den Grundsätzen des Völkerrechts auszulegen. Die relevanten Bestimmungen des *Wiener Übereinkommens über das Recht der Verträge (WVÜ)* bilden hierfür die Grundlage.[26] So definiert der EGMR die Begriffe der EMRK auch unter Berücksichtigung anderer Normen des Völkerrechts, der Auslegung dieser durch die jeweiligen Organe sowie ihre Auslegung in der Praxis der Mitgliedsstaaten. Ergibt sich hierbei ein Konsens, kann der EGMR diesen im Einzelfall in seine Erwägungen zur Auslegung der EMRK mit einbeziehen.[27]

---

[23] Pressemitteilung 140 (2010) des Europarats vom 18.02.2010, abrufbar unter https://wcd.coe.int/wcd/ViewDoc.jsp?Ref=PR140%282010%29&Language=lanGerman&Ver=o riginal&Site=DC&BackColorInternet=F5CA75&BackColorIntranet=F5CA75&BackColorLogged= A9BACE (Stand: 03.08.2011).
[24] Ein "self-contained regime" stellt eine in sich geschlossene Ordnung dar. Dieser Terminus wurde auch vom BVerfG gebraucht (BVerfGE 96, 68, 84); vgl. Simma, NYIL 1985, 111 ff.; Schilling, Menschenrechtsschutz, § 4, Rn. 34.
[25] EGMR, Al-Adsani, Z. 60.
[26] Vgl. EGMR, Golder, Z. 29, hierzu: Heintschel von Heinegg, in: Ipsen, § 11, Rn. 11 ff.
[27] Schilling, Menschenrechtsschutz, § 2, Rn. 36.

Überdies ist die EMRK gegenüber den nationalen Rechtsordnungen „autonom"[28] auszulegen. Da sie ein Menschenrechtsvertrag ist, ist sie als „living instrument" zu sehen[29], d.h. auch, dass der historischen Interpretation eine nur relativ geringe, subsidiäre Bedeutung zukommt.[30]

2.3 Die EMRK und das Recht der Europäischen Union

Die EMRK steht nicht nur mit dem innerstaatlichen Recht ihrer Mitgliedstaaten in einem wechselseitigen Verhältnis, sondern ist auch mit dem Recht der EU eng verflochten. Zwar ist die EU nicht Mitglied der EMRK, doch sind dies all ihre Mitgliedsstaaten. Da diese somit an die EMRK gebunden sind, gewinnt diese im Unionsrecht immer mehr an Einfluss. Es gibt aber noch engere Verflechtungen. Am deutlichsten ist die Verbindung in Art. 6 EU-Vertrag[31] zu erkennen. So sind gem. Art. 6 III EU-Vertrag „die Grundrechte, wie sie in der Europäischen Konvention zum Schutz der Menschenrechte und Grundfreiheiten gewährleistet sind" schon jetzt Bestandteil des Unionsrechts.

In Art. 6 II EU-Vertrag wurde die Voraussetzung für einen Beitritt der EU zur EMRK geschaffen. Da die EMRK wie schon erwähnt ihrerseits die Basis für die Aufnahme der EU mit dem 14. Protokoll geregelt hat, wäre ein Beitritt der EU zur EMRK seit dem 01.06.2010 möglich.

Die EMRK hat auch bei der Erstellung der *Charta der Grundrechte der Europäischen Union (GRC)* eine große Rolle gespielt. Dies bestätigt sowohl die Entstehungsgeschichte der GRC als auch der Wortlaut vieler Rechte der Kapitel I, II und III der GRC.[32] Das Verhältnis zwischen EMRK und GRC ist in den Art. 52 und 53 GRC festgelegt. Dort werden Regelungen für etwaige Konfliktfälle getroffen.

---

[28] Vgl. Grabenwarter, EMRK, § 5, Rn. 10: *„Autonom bedeutet in diesem Zusammenhang, dass die (...) verwendeten Begriffe als Begriffe einer eigenständigen Konventionsrechtsordnung von den Rechtsordnungen einzelner Mitgliedsstaaten unabhängig verstanden werden müssen."*
[29] EGMR, Tyrer, Z. 31.
[30] Vgl. Bernhardt, Völkerrechtliche Verträge, S. 120; Simon, L'interprétation judiciaire des traités d'organisations internationales, S. 368 f.; Grabenwarter, EMRK, § 5, Rn. 5.
[31] Fassung aufgrund des am 1.12.2009 in Kraft getretenen Vertrages von Lissabon (ABl. EG Nr. C 115 vom 9.5.2008, S. 13).
[32] Grabenwarter, EMRK, § 4, Rn 8.

2.4 Die EMRK in den nationalen Rechtsordnungen

Die EMRK verpflichtet die Mitgliedsstaaten zwar zur Befolgung ihrer Grundsätze (Art. 1), regelt aber nicht, wie die Staaten dieser Verpflichtung folgen müssen. Es obliegt den Mitgliedsstaaten, in welchem Rang die EMRK in das innerstaatliche Rechtssystem einfließen soll. In der deutschen Rechtsordnung hat die EMRK durch die Zustimmung des Gesetzgebers[33] den Rang eines einfachen Gesetzes gem. Art. 59 II GG eingenommen.

2.4.1 Die Rechtslage in Deutschland

Zwar nimmt die EMRK in der deutschen Rechtsordnung formell „nur" den Rang eines einfachen Bundesgesetzes ein, doch ist sie nach der Rechtsprechung des Bundesverfassungsgerichts (BVerfG) bei der Auslegung der deutschen Grundrechte im materiellen Sinne zu berücksichtigen. Auch die Rechtsprechung des EGMR wird bei der Auslegung von Grundrechten und rechtstaatlichen Grundsätzen als Orientierung verwendet.[34]

Prüfungsmaßstab bei einer Verfassungsbeschwerde (Art. 93 I Nr. 4a GG) bleiben aber allein die Grundrechte des Grundgesetzes.[35] Dementsprechend bestätigte das BVerfG mit Beschluss vom 14.10.2004 auch, dass die EMRK „kein unmittelbarer verfassungsrechtlicher Prüfungsmaßstab"[36] ist.

Durch den subsidiären Grundrechtsschutz der EMRK ist der nationale Grundrechtsschutz als vorrangig zu betrachten; der EMRK-Rechtsschutzmechanismus greift nur nachrangig als „Sicherheitsnetz". Aus diesem Grundsatz entstehen das Günstigkeitsprinzip (Art. 53), die Zulassungsvoraussetzungen einer

---

[33] „Gesetz über die Konvention zum Schutze der Menschenrechte und Grundfreiheiten" vom 07.08.1952 (BGBl. II S. 685); Inkrafttreten der Konvention für die Deutschland gem. Bekanntmachung vom 15.12.1953 (BGBl. 1954 S. 14) am 03.09.1953; Bekanntmachung der Neufassung der Konvention in der Fassung des 14. Protokolls vom 22.10.2010 (BGBl. II 2010 S. 1198).
[34] BVerfGE 74, S. 358, 370; BVerfGE S. 82, 106, 115 .
[35] BVerfGE 10, S. 271,274; BVerfGE S. 64, 135, 157; BVerfGE S. 74, 102, 128.
[36] BVerfG 2 BvR 1481/04, NJW 2004, S. 3407.

Beschwerde vor dem EGMR (Art. 35 I), der Beurteilungsspielraum für nationale Behörden sowie die oftmals richterliche Zurückhaltung des EGMR.[37]

2.4.2 Rechtskraftwirkung der Entscheidungen des Europäischen Gerichtshofs für Menschenrechte (EGMR)

Wird ein Urteil des EGMR formell rechtskräftig, erlangt es gleichzeitig materielle Rechtskraft. Es entfaltet für die Parteien des Verfahrens somit völkerrechtliche Bindungswirkung (Art. 46 I).

Gibt der EGMR einer Beschwerde statt, ist die Verletzung eines der in der EMRK gesicherten Rechte bindend festgestellt.[38] Die weiteren Rechtsfolgen sind in der Konvention nicht vollständig geregelt. Nächstliegende Rechtsfolge ist, dass der verurteilte Staat nicht mehr behaupten darf, konventionsgemäß gehandelt zu haben.[39] Zudem wird der Vertragsstaat verpflichtet, die Konventionsverletzung zu beseitigen. Für die in der Vergangenheit eingetretenen Folgen der Verletzung hat der Staat eine Wiedergutmachung zu leisten.[40]

Zur Beendigung der Verletzung sind diejenigen Maßnahmen zu treffen, die im jeweiligen innerstaatlichen Recht notwendig sind, um die vom EGMR festgestellte Verletzung abzustellen.[41] Dauert die Verletzung noch an, ist von einer Beendigungspflicht auszugehen.[42] Es bleibt jedoch Sache der beteiligten Staaten, durch welche Maßnahmen sie das Urteil umsetzen.[43] Gelegentlich werden vom EGMR jedoch konkrete Maßnahmen bezeichnet[44] oder empfohlen,[45] die zur Beendigung der Konventionsverletzung geeignet sind.

---

[37] Peters, EMRK, § 2, S.10.
[38] EGMR, VGT, Z. 84.
[39] BVerfG 2 BvR 1481/04, NJW 2004, S. 3407.
[40] Diese Verpflichtung geht ebenso aus Art. 46 I hervor. Hierzu: Polakiewicz, Verpflichtungen aus Urteilen des EGMR, S. 97 ff.; Ress, EuGRZ 1996, S. 350, 351.
[41] EGMR, Scozzari u. Giunta, Z. 249; vgl. Meyer-Ladewig, EMRK, Art. 46, Rn.2
[42] EGMR, Assanidze, Z. 198; EGMR, Scordino, Z. 186; vgl. Frowein/Peukert, EMRK, Art.53, Rn.6.
[43] Vgl. EGMR, Papamichalopoulos u.a., Z. 34.
[44] EGMR, Görgülü, Z. 64.
[45] EGMR, Öcalan, Z. 210.

Durch seine Entscheidungen kann der EGMR auch innerstaatliche Gesetze für konventionswidrig befinden. Wie in einem solchen Falle vorzugehen wäre, hat das BVerfG noch nicht entschieden.[46]

Für die restlichen Vertragsstaaten entfaltet das Urteil lediglich Orientierungswirkung. Man spricht in diesem Falle auch von einer „indirekten Wirkung"[47] oder „Präjudizwirkung"[48] der Urteile. Die unbeteiligten Mitgliedsstaaten werden auf diesem Wege dazu angehalten, ihre eigene Rechtsordnung einer Überprüfung und ggf. einer Anpassung gemäß der Rechtsprechung des EGMR zu unterziehen.[49]

Die Bindungswirkung für Urteile bei denen Deutschland Partei des Verfahrens ist, ergibt sich aus den Konventionsbestimmungen i. V. m. dem Zustimmungsgesetz sowie aus dem Rechtstaatprinzip (Art. 20, 59 II GG i. V. m. Art. 19 IV GG).[50] Die Bindungswirkung erstreckt sich über sämtliche institutionellen Glieder staatlicher Gewalt. D.h., dass alle Organe die Verpflichtungen aus dem Urteil in ihrem jeweiligen Zuständigkeitsbereich erfüllen müssen.

Die Urteile des EGMR haben keine kassatorische Wirkung, sie können weder Verwaltungsakte, noch Urteile oder Rechtsnormen aufheben. Auch an einem innerstaatlichen Urteil, welches die Konventionsverletzung ausgelöst hat, ändern Urteile des EGMR nichts.

Eine Aufhebung kann somit von der innerstaatlichen Justiz nur durch Wiederaufnahme des Verfahrens geschehen.[51]

Das Kontrollsystem der EKMR ist dreigliedrig aufgebaut. So wie der EGMR die Einhaltung der EMRK überwacht, erfolgt die Überwachung der Durchführung der vom EGMR erlassenen Urteile durch das Ministerkomitee (Art. 46 II). Seit

---

[46] Payandeh, DÖV 2011, S. 382,390.
[47] Frowein/Villiger, HRLJ 1988, S. 23, 40.
[48] Wildhaber, ZSR 1979, S. 229, 335.
[49] BVerfG 2 BvR 1481/04, Z. 2a, NJW 4004, S. 3407, 3409.
[50] BVerfG 2 BvR 1481/04, Z. 3d, NJW 2004, S. 3407, 3409.
[51] Im dt. Strafrecht nur nach § 359 Nr.6 StPO zulässig. In das neu zu eröffnende Verfahren sollen die Inhalte des Urteiles des EGMR mit einfließen. Für Zivil-, Verwaltungs-, Finanz- und Sozialprozesse ist dies nicht möglich; hierzu: Meyer-Ladewig, in: Schoch/Schmidt-Aßmann/Pietzner, § 153 Nr. 7.

dem 14. Protokoll steht dem EGMR die Kompetenz zu, seine eigenen Urteile auf Antrag des Ministerkomitees auszulegen (Art. 46 III). Weiter wird in Art. 46 IV und V ein Verfahren für Fälle eingeführt, in denen der verurteilte Mitgliedsstaat seiner Plicht nach Art. 46 I nicht nachkommt.

2.5 Einschub 1: Die EMRK und der EGMR - Zwei wirksame Instrumente?

Ist die vorgestellte EMRK mit dem EGMR und seinen Entscheidungen dazu geeignet, Einfluss auf die deutsche Rechtsordnung zu nehmen und diese möglicherweise in einem gewissen Teil auch zu lenken? Dies hängt nicht nur von der EMRK ab, sondern auch von dem Verhältnis zu den innerstaatlichen Gerichten wie dem BVerfG. Mit seiner völkerrechtsfreundlichen Auslegung des Grundgesetzes und der Berücksichtigung der Urteile des EGMR trägt das BVerfG dazu bei, dass die EMRK ihre Wirkung auch in Deutschland entfalten kann.[52]

Die Urteile des EGMR sind nicht nur dafür geeignet, Missstände in Einzelfällen zu beheben, sondern wirken sich auch auf ähnliche Parallelfälle aus. Ist eine Konventionsverletzung festgestellt worden, bedeutet dies für ähnliche Fälle, dass diese wegen ihrer Gleichartigkeit ebenso konventionswidrig sind. Aus der Bindungspflicht eines Urteils ist also auch eine „Nichtwiederholungspflicht" anzunehmen.[53] Die Urteile des EGMR sind demnach dazu geeignet, Menschenrechte in präventiver Form zu schützen und weitere, ähnliche Verletzungen zu vermeiden.

Der Apparat des EGMR kann jedoch nur funktionieren, wenn sein elementares Instrument - der Individualrechtsschutz durch die Individualbeschwerde - gewährleistet ist. Deshalb muss der angesprochenen Arbeitslast des EGMR entgegengewirkt werden. Eine überlastete Institution ist selten dazu im Stande, ihre mögliche „Höchstleistung" bringen. Die Qualität darf nicht unter der riesigen Quantität der anhängigen Beschwerden leiden.

---

[52] Ständige Rechtsprechung des BVerfG, für alle: BVerfG, 2 BvR 2365/09 = NJW 2011, S. 1931.
[53] Vgl. EGMR, M ./. Deutschland; hierzu: Grabenwarter, JZ 2010, S. 857, 868.

Mit der EMRK besteht nun seit 60 Jahren ein regionales Menschenrechtsinstrument, welches durch diverse Protokolle im Wandel der Zeit modifiziert wurde. Dies muss in Zukunft fortgesetzt werden, ganz im Sinne eines „living instruments". Nur unter den aufgezeigten Feststellungen kann die EMRK ihre bisherige „Erfolgsgeschichte" fortsetzen.

Schon in der ersten Fassung war das Verbot der Folter elementarer Bestandteil der Konvention. Im folgenden Kapitel wird dieses „Europäische Verbot der Folter" näher veranschaulicht.

3 Das europäische Verbot der Folter

3.1 Historischer Kontext

Die Bekämpfung der Folter ist nicht nur ein Problem in der Zeit des 21. Jahrhunderts. Vielmehr reicht die Praxis, Menschen durch das Zufügen von physischen und psychischen Schmerzen zu bestimmten Aussagen oder Handlungen zu zwingen bis weit in die Frühzeit der Menschheit zurück und durchzieht sich durch nahezu alle geschichtlichen Epochen. Da das Verbot der Folter nach Art. 3 sowie auch andere völkerrechtliche Verbote der Folter letztendlich auch als Ergebnis dieses Jahrhunderte andauernden Kampfes gegen die Anwendung von Folter angesehen werden können, sollen an dieser Stelle die historischen Spuren der Folter beleuchtet werden.

Im europäischen Raum wurde die Anwendung von Folter bereits von den Römern zu einer umfangreichen Rechtsdoktrin ausgestaltet.[54] Meist waren die Gefolterten Angehörige unterer Schichten wie bspw. Sklaven, Leibeigene oder Gefangene. Nach dem Niedergang des römischen Reiches im späten 5. Jahrhundert wurde die Anwendung von Folter von den germanischen Stämmen im deutschsprachigen Raum übernommen. Im Laufe der Jahrhunderte entstanden immer wieder neue Praktiken und Verfahren der Folteranwendung. Die Folter ging meist von der Obrigkeit, der Gerichtsbarkeit oder den kirchlichen Inquisitoren aus.[55]

Klar ist aber auch: Seitdem Folter angewandt wurde, standen ihr auch Gegner und Kritiker entgegen. So gingen schon 1496/97 Beschwerden beim Reichstag von Lindau ein. Es wurde über die Justizwillkür vieler Obrigkeiten geklagt. Um diese Beschwerden aufzuklären, wurde eine Kommission eingerichtet, deren Aufgabe es war, Vorschläge für eine reichsweite Regelung des Strafprozesses auszuarbeiten. [56] Die *Constitutio Criminalis Carolina* oder auch

---

[54] In dieser Doktrin war u.a. geregelt, dass Folter vor allem zum Einsatz gegen Sklaven vorgesehen ist. Folter sollte vor allem zur Geständniserzwingung oder zur Überführung von Mittätern eingesetzt werden. Hierzu: Peters, Folter, S. 42-63; Bahar, Folter, S. 15.
[55] Mehr hierzu in: Zagolla, Im Namen der Wahrheit, S. 25-84.
[56] Schild, Peinliche Frag, S. 85-110.

Peinliche Halsgerichtsordnung Karls V.[57] entstand infolgedessen 1532 als erstes deutschsprachiges Gesetz, welches Regelungen über die Anwendbarkeit von Folter in Strafverfahren enthielt. Ende des 18. Jahrhunderts folgten weitere Verbote in ganz Deutschland.[58] Im Herrschaftsgebiet des Papstes wurde die Folter 1815 abgeschafft.[59] Die in ganz Europa erlassenen Verbote bedeuteten aber keineswegs, dass nicht mehr gefoltert wurde. Es entstanden neue, moderne Foltermethoden, welche in Deutschland bis in das 19. Jahrhundert praktiziert wurden.[60] Im 20. Jahrhundert war die Folter zwar aus den Strafgerichten verschwunden, wurde aber von den Nationalsozialisten, den faschistischen Regimen in Italien und Spanien oder der Stalin-Diktatur noch systematisch angewandt.

Nach dem Ende des 2. Weltkriegs trat 1948 mit der *Allgemeinen Erklärung der Menschenrechte der Generalversammlung der Vereinten Nationen (AEMR)*[61] ein erstes Menschenrechtsdokument in Kraft, welches ein ausdrückliches Bekenntnis zum Verbot der Folter enthält (Art. 5 AEMR). Wie in Kap. 2.1 schon erläutert, entstand daraufhin die EMRK, die am 03.09.1953 in Kraft trat. Das Verbot der Folter (Art. 3) war von Anfang an Bestandteil dieser Konvention.

Um den Bemühungen des Europarats gegen Folter vorzugehen, Nachdruck zu verleihen, wurde das *Europäische Übereinkommen zur Verhütung von Folter und unmenschlicher oder erniedrigender Bestrafung oder Strafe (ECPT)*[62] entworfen. Dieses trat am 01.02.1989 in Kraft und ist bis heute von 47 Staaten ratifiziert worden. Es basiert auf einem präventiven, nichtgerichtlichen Kontrollsystem. Seitens der Vereinten Nationen trat am 26.06.1987 die

---

[57] Einsehbar unter http://www.llv.li/pdf-llv-la-recht-1532__peinliche_halsgerichtsordnung __carolina_.pdf (Stand: 05.08.2011).
[58] Hierzu: Zagolla, Im Namen der Wahrheit, S. 95.
[59] Baldauf, Folter, S. 201.
[60] Zagolla, Im Namen der Wahrheit, S. 100.
[61] Einzusehen unter: www.un.org/depts/german/gruendungsres/grunddok/ar217a3.html (Stand: 07.08.2011).
[62] BGBl II 1989 S. 946.

UN-Antifolterkonvention[63] in Kraft. Weitere Instrumente der Vereinten Nationen zur Bekämpfung der Folter werden in Kap. 3.3 erläutert.

Dass diese Übereinkommen auch im 20. und 21. Jahrhundert notwendig und wichtig sind, wird beinahe täglich bewiesen. Denn selbst nach dem menschheitsverachtenden 2. Weltkrieg wurde auch von westlichen Staaten (Bsp. Frankreich im Algerien-Krieg 1954-1962 oder die USA in Abu Ghraib / Irak oder in Guantánamo/Kuba)[64] oder aber auch von der DDR[65] weiter gefoltert.

3.2 Artikel 3 EMRK

Das Verbot der Folter sowie unmenschlicher oder erniedrigender Behandlung und Strafe ist innerhalb der EMRK in Artikel 3 festgeschrieben:

Artikel 3 EMRK
Verbot der Folter

„Niemand darf der Folter oder unmenschlicher oder erniedrigender Behandlung oder Strafe unterworfen werden."

---

[63] Amtliche Bezeichnung: „Übereinkommen gegen Folter und andere grausame, unmenschliche oder erniedrigende Behandlung oder Strafe vom 10. Dezember 1984" (BGBl. II 1990 S. 246), Ratifikation von Deutschland am 01.10.1990.
[64] Hierzu: Bahar, Folter, S. 57 - 179.
[65] Hierzu: Zagolla, Im Namen der Wahrheit, S. 157 - 180.

3.2.1 Allgemeines

Art. 3 EMRK enthält das Verbot von Folter und unmenschlicher oder erniedrigender Behandlung bzw. Strafe. Dabei stellen die verschiedenen Eingriffsbereiche von der Folter bis zur erniedrigender Behandlung oder Strafe ein „Kontinuum von Eingriffen abnehmender Schwere"[66] dar, wobei einzelne Handlungen auch simultan unmenschlich und erniedrigend sein können.[67]

Art. 3 ist eine Norm der EMRK, die weder Einschränkungen noch Ausnahmen unterliegt. Dies bekräftigt Art. 15 II, welcher aussagt, dass von Art. 3 in keinem Fall abgewichen werden darf. Dies gilt auch im Kampf gegen Terrorismus und organisierter Kriminalität sowie bei Entführungen.[68] Das Verbot der Folter stellt eine Verkörperung grundlegender Werte demokratischer Gemeinschaften und eine der elementarsten Bestimmungen der Konvention dar.[69] Doch trotz des absoluten Charakters wird Art. 3 als eine der „auslegungs- und konkretisierungsbedürftigsten Bestimmungen der gesamten Konvention"[70] angesehen.

Sucht man im deutschen Grundgesetz nach einem innerstaatlichen Pendant des Art. 3, wird man keine unmittelbar deckungsgleiche Regelung finden. Eher ist das Verbot der Folter im GG implizit in mehreren Artikeln verankert. So weist das Verbot der Folter im nationalen Grundrechtskatalog sowohl einen Bezug zum Schutz der körperlichen Unversehrtheit (Art. 2 II 1 GG) als auch zur Unantastbarkeit der Menschenwürde (Art. 1 I 1 GG)[71] auf. Das Verbot der seelischen und körperlichen Misshandlung von Gefangenen (Art. 104 I 2 GG) zielt ebenso auf den Schutzbereich des Art 3. Weitere implizite Verbote der Folter sind neben dem GG außerdem im Strafgesetzbuch (StGB) und in der Strafprozessordnung (StPO) zu finden.[72]

Dem Titel dieser Arbeit entsprechend wird Art. 3 EMRK in diesen Ausführungen vordergründig im Zusammenhang mit der Behandlung Inhaftierter und

---

[66] Schilling, Menschenrechtsschutz, § 9, Rn. 151.
[67] EGMR, Jalloh, Z. 82; EGMR, Güveç, Z. 98.
[68] Vgl. EGMR, Chahal, Z. 79 ff.; EGMR, Ramirez Sanchez, Z. 115.
[69] EGMR, McCann u.a., Z. 147; EGMR, McGlinchey, Z. 63.
[70] Gaede, in: Camprubi, S. 155, 164.
[71] Hierzu Meyer-Ladewig, NJW 2004, S. 981, 982.
[72] Vgl. §§ 340, 343, 240 StGB und § 136a StPO.

Festgenommener thematisiert. Nicht behandelt werden etwa die im Zielstaat drohende unmenschliche Behandlung bei Ausweisungen oder Auslieferungen,[73] das „Verschwinden lassen von Angehörigen",[74] die Diskriminierung als erniedrigende Behandlung[75] oder die Zerstörung der Lebensgrundlage (bspw. von Häusern).[76]

3.2.2 Der Schutzbereich von Artikel 3

„Schutzgut des Art. 3 ist die physische und psychische Integrität der Grundrechtsträger."[77] Um in den Schutzbereich des Art. 3 zu fallen, muss die Misshandlung aber ein bestimmtes Mindestmaß an Schwere aufweisen; nur dann ist Art. 3 anwendbar.[78] Die Beurteilung der Schwere erfolgt relativ und ist einzelfallabhängig. Die EMRK enthält hierzu keinerlei Definitionen. Sämtliche „Strafen" (Maßnahmen mit Sanktionscharakter) sowie „Behandlungen" (alle anderen Formen staatlichen Handelns) unterliegen dem Verbot der Folter nach Art. 3.[79]

Die Intensität bzw. die Schwere der Handlung ist somit entscheidend. Über sie wird nicht nur entschieden, ob die Handlung überhaupt in den Schutzbereich des Art. 3 fällt, sondern auch abgegrenzt, welche Charakteristik sie im Rahmen des Art. 3 einnimmt.

    a. Folter

Da der Begriff der Folter in der EMRK selbst nicht definiert ist, orientiert sich der EGMR an der Definition, welche die UN-Antifolterkonvention in Art. 1 I enthält:[80]

„Im Sinne dieses Übereinkommens bezeichnet der Ausdruck „Folter" jede Handlung, durch die einer Person vorsätzlich große körperliche oder seeli-

---

[73] Vgl. bspw. EGMR, Saadi, Z. 138 ff.; EGMR, Vilvarajah u.a, Z. 107 ff.; EGMR, Soering, Z. 111.
[74] Vgl. bspw. EGMR, Zypern, Z. 154-158, EGMR, Cicek, Z. 173; EGMR, Kurt, Z. 130-134; EGMR, Taş, Z. 79 f.
[75] Vgl. bspw. EGMR, Zypern, Z. 302-311.
[76] Vgl. bspw. EGMR, Bilgin, Z. 103; EGMR, Dulas, Z. 54 ff.
[77] EGMR, Tyrer, Z. 33; EGMR, Costello-Roberts, Z.30; hierzu: Grabenwarter, EMRK, § 20, Rn. 21.
[78] Villiger, EMRK, Rn. 284.
[79] EGMR, Pretty, Z. 52.
[80] EGMR, Selmouni, Z. 97 ff.; EGMR, İlhan, Z. 85.

sche Schmerzen oder Leiden zugefügt werden, zum Beispiel um von ihr oder einem Dritten eine Aussage oder ein Geständnis zu erlangen, um sie für eine tatsächlich oder mutmaßlich von ihr oder einem Dritten begangene Tat zu bestrafen oder um sie oder einen Dritten einzuschüchtern oder zu nötigen, oder aus einem anderen, auf irgendeiner Art von Diskriminierung beruhenden Grund, wenn diese Schmerzen oder Leiden von einem Angehörigen des öffentlichen Dienstes oder einer anderen in amtlicher Eigenschaft handelnden Person, auf deren Veranlassung oder mit deren ausdrücklichem oder stillschweigendem Einverständnis verursacht werden. Der Ausdruck umfasst nicht Schmerzen oder Leiden, die sich lediglich aus gesetzlich zulässigen Sanktionen ergeben, dazu gehören oder damit verbunden sind."

Der EGMR hat betont, dass er unter der Berücksichtigung der Fortentwicklung der Menschenrechte und des zunehmend hohen Standards, der im Bereich des Menschenrechtsschutzes gefordert wird, künftig eher dazu bereit wäre, Handlungen als Folter zu bezeichnen, die er früher „nur" als unmenschlich oder herabwürdigend angesehen hat.[81] Daraus ergibt sich die dynamische Auslegung des Folterbegriffs durch den EGMR.

Doch trägt die Folter immer noch ein besonderes Stigma: Nur Methoden, welche menschenverachtend sind und Leiden von besonderer Intensität und Grausamkeit verursachen, werden vom EGMR als Folter bezeichnet.[82] Die Abgrenzung zur unmenschlichen Behandlung liegt im Grad der Schwere der Misshandlungen.[83]

b. Unmenschliche Behandlung

Als unmenschlich hat der EGMR Handlungen kategorisiert, wenn diese zu erheblichen physischen oder psychischen Leiden führten oder durch sie körperlichen Verletzungen entstehen.[84] Bei der Einstufung der Handlungen spielen im Einzelfall insbesondere die Dauer der Handlung, der Gesundheitszustand sowie das Alter des Betroffenen und die physischen und psychischen

---

[81] EGMR, Selmouni, Z. 101; EGMR, Ilhan, Z. 87, EGMR, Salman, Z. 115; hierzu: Grabenwarter, EMRK, § 20, Rn. 22.
[82] EGMR, Irland, Z. 167; EGMR, V., Z. 71, EGMR, Aksoy, Z. 63; hierzu: Schilling, Menschenrechtsschutz, § 9, Rn. 152.
[83] Alleweldt, Abschiebung bei drohender Folter, S. 19.
[84] EGMR, Jalloh, Z. 68; EGMR, Kalashnikov, Z. 95.

Folgen eine bedeutende Rolle.[85] Auch schon die bloße Androhung erheblicher Schmerzen[86] oder die gezielte Erniedrigung und Herabsetzung der Persönlichkeit des Opfers[87] können als unmenschliche Behandlungen angesehen werden.

c. Erniedrigende Behandlung oder Strafe

Die niedrigste Ebene der Abstufung nimmt die erniedrigende Behandlung oder Strafe ein. Bei der erniedrigenden Behandlung steht nicht die Zufügung von Schmerzen im Vordergrund. Vielmehr ist entscheidend, ob der Handlung das Merkmal der Demütigung anhaftet.[88] Eine Behandlung wurde vom EGMR ebenso als erniedrigend eingestuft, wenn der Betroffene durch sie in seiner Menschenwürde verletzt wurde.[89]

3.2.3 Der absolute Charakter von Artikel 3

Der Wortlaut des Art. 3 macht deutlich, dass seine Garantien ohne Vorbehalte gelten. Dies wird durch Art. 15 II bestätigt, durch den der Art. 3 ausweislich als notstandsfest deklariert wird. Das europäische Verbot der Folter unterliegt demnach keinen Schrankenvorbehalten sondern besitzt einen absoluten Charakter.[90] Somit ist klar: Fällt eine Handlung in den Schutzbereich des Art. 3, steht zugleich ihre Konventionswidrigkeit fest. Da Rechtfertigungsgründe von Handlungen, die durch Art. 3 geschützt werden, somit nicht existieren, werden diese vom EGMR schon gar nicht geprüft.[91]

Zuletzt hat der Fall „Gäfgen", welcher sich 2002 in Frankfurt am Main ereignet hat, in Deutschland und über die Grenzen hinaus für eine rege Diskussion über mögliche Ausnahmetatbestände des Art. 3 geführt.[92]

---

[85] EGMR, Selmouni, Z. 100; EGMR, Price, Z. 24; EGMR, Tastan, Z. 31; hierzu: Grabenwarter, EMRK, § 20, Rn. 23.
[86] EGMR; Gäfgen, Z. 66 und 70.
[87] EGMR, Raninen, Z. 55 ff.
[88] Cassese in: Macdonald/Matscher/Petzold, S. 243.
[89] EGMR, Valasinas, Z. 102; EGMR, Yankov, Z. 104, hierzu: Meyer-Ladewig, NJW 2004, S. 981 ff.; Grabenwarter, EMRK, § 20, Rn. 25.
[90] EGMR, Selmouni, Z. 95 ff.
[91] Vgl. EGMR, Selmouni, Z. 105 f.
[92] EGMR, Gäfgen; EGMR, Gäfgen (GK); ausführlich hierzu in Kap. 4.3.

3.3 Weitere völkerrechtliche Folterverbote

Auf völkerrechtlicher Ebene stehen dem Verbot der Folter in der EMRK noch über 25 weitere bei Seite.[93] In diesem Kapitel wird aufgezeigt, welche Übereinkommen von Deutschland ratifiziert wurden und wie sich diese Ratifizierungen auf Deutschland auswirken.

Das in der AEMR (Art. 5) sowie im *Internationalen Pakt über bürgerliche und politische Rechte (IP)*[94] (Art. 7) verankerte Verbot der Folter entspricht dem Wortlaut nach fast deckungsgleich dem der EMRK.[95] Der geringe Unterschied ist jedoch ohne praktische Bedeutung. Auf der Ebene der Vereinten Nationen wird dies noch durch die *UN-Antifolterkonvention* und ihrem Vertragsorgan dem *Comittee Against Torture (CAT)*, sowie dem *Fakultativprotokoll zur UN-Antifolterkonvention (OPCAT)*[96] und dem mit diesem Protokoll eingerichteten *Subcommittee on Prevention of Torture (SPT)* ergänzt. Das OPCAT sieht ein internationales System vor, welches zur Inspektion von Haftorten geschaffen werden soll. Mit der Unterzeichnung des Protokolls am 20.09.2006 und dem Zustimmungsgesetz zum OPCAT hat sich Deutschland zur Einrichtung von nationalen Mechanismen zur Verhütung von Folter verpflichtet (Art. 3 OPCAT). Diese sollen die Arbeit des SPT ergänzen und unterstützen. So hat am 01.05.2009 die nationale Stelle zur Verhütung von Folter ihre Arbeit aufgenommen.[97] In ihrem ersten veröffentlichten Jahresbericht 2009/2010 teilte die Bundesstelle mit, dass im Berichtszeitraum insgesamt vier Inspektionsbesuche bei der Bundespolizei und zwei bei der Bundeswehr durchgeführt wurden.[98] Mit Amtseinführung zum 24.09.2010 folgte die Länderkommission zur Verhü-

---

[93] Eine Zählung kommt einschließlich nicht bindender Erklärungen auf 28 Instrumente: Trechsel, ZEUS 1998, S. 371, 373.
[94] BGBl 1973 II S. 1570, Ratifikation von Deutschland am 17.12.1973.
[95] In den beiden Artikeln wird der Wortlaut des Art. 3 durch das Merkmal der „grausamen" Behandlung oder Strafe ergänzt.
[96] Amtliche Bezeichnung: Fakultativprotokoll zum Übereinkommen gegen Folter und andere grausame, unmenschliche oder erniedrigende Behandlung oder Strafe, BGBl. II 2008 S. 854.
[97] Organisationserlass des Bundesministeriums der Justiz vom 20.11. 2008 (Bundesanzeiger Nr. 182, S. 4277).
[98] Jahresbericht 2009/2010 der Bundesstelle zur Verhütung von Folter, S. 15, einsehbar unter www.bsvf.de unter der Rubrik „Jahresberichte" (Stand: 01.08.2011).

tung von Folter.[99] Die Einrichtungen stellen einen nationalen Präventionsmechanismus dar.

Auf europäischer Ebene gibt es ein solches System mit dem ECPT[100] bereits seit 1989. Auch hier liegt der Schwerpunkt auf der Verhinderung und Verhütung von Folter. Der eingerichtete CPT ist von den Mitgliedsstaaten ermächtigt, sämtliche Orte aufzusuchen, an denen sich Personen aufhalten, denen die Freiheit entzogen worden ist. An den vielen Gemeinsamkeiten ist zu erkennen, dass das ECPT bei der Entwicklung und Konzeption des OPCAT Pate gestanden hat. Größter Unterschied ist, dass das ECPT neben der Überwachung durch den CPT keinen nationalen Präventionsmechanismus vorsieht.

Durch die Ratifikation des IP's verpflichtete sich Deutschland, zur periodischen Abgabe eines Staatenberichts. Außerdem ist die Einreichung von Individualbeschwerden durch Personen, die unter deutscher Hoheitsgewalt stehen, ermöglicht worden.[101]

Weitere Folterverbote finden sich im außer-europäischen Völkerrecht bspw. in der Amerikanischen Menschenrechtskonvention (Art. 5 AmMRK), in der *Afrikanischen Charta der Menschenrechte und Rechte der Völker* (Art. 5 AfrKMR) oder in der *Interamerikanischen Antifolterkonvention* (Art. 6).

Im Völkerstrafrecht stellt die Folter einen Völkerrechtsstraftatbestand dar.[102] Zu nennen wären hier die beiden Statute der Ad-hoc-Tribunale: Das IStGH-Statut[103] sowie der *Draft Code of Crimes against the Peace and Security of Mankind*[104].

---

[99] Per Staatsvertrag über die Einrichtung eines nationalen Mechanismus aller Länder nach Artikel 3 OPCAT vom 25.06.2009 (GBl. BW 2009, S. 681).
[100] Text des Übereinkommen und des erläuternden Berichts abrufbar unter: http://www.cpt.coe.int/lang/deu/deu-convention.pdf (Stand: 15.08.2011).
[101] Die Individualbeschwerde ist erst seit dem Inkrafttreten eines Fakultativprotokolls möglich.
[102] Vgl. Bruha/Steiger, Folterverbot im Völkerrecht, S. 19 ff.
[103] BGBl. II 2000 S.1393; von 116 Staaten ratifiziert (Stand: 01.07.2011).
[104] A/RES/51/160, 16.12.1996; abrufbar in englischer Sprache unter http://untreaty.un.org/ilc/texts/instruments/english/draft%20articles/7_4_1996.pdf (Stand: 15.08.2011).

4 Entscheidungen des EGMR

4.1 Rechtssachen, in denen Deutschland eine Verletzung des Artikels 3 nachgewiesen wurde

Die Bundesrepublik Deutschland wurde vom Europäischen Gerichtshof für Menschenrechte bisher in zwei Fällen für einen Verstoß gegen Art. 3 verurteilt. Im Vergleich zu Fallzahlen anderen Staaten scheint dies auf den ersten Blick für einen Zeitraum von 60 Jahren hinnehmbar zu sein. Festzustellen ist aber, dass die beiden Verurteilungen beide im 21. Jahrhundert liegen. Innerhalb von vier Jahren wurde Deutschland somit zwei Mal wegen einer Verletzung des Art. 3 verurteilt.

In der Rechtssache „Jalloh ./. Deutschland" stufte der EGMR die Verabreichung eines Brechmittels durch einen Nasenschlauch zum Zwecke der Exkorporation[105] eines Beweismittels als erniedrigende und unmenschliche Behandlung ein.

Weitaus höhere Bekanntheit kommt der Rechtssache „Gäfgen ./. Deutschland" zu. Hier wurde dem Beschwerdeführer (Bf.) durch die Androhung von Behandlungen, die in den Schutzbereich des Art. 3 fallen, ein Geständnis entlockt.

In diesem Kapitel wird in getrennter Weise auf eben diese beiden Individualbeschwerden eingegangen. Begonnen wird jeweils mit einer chronologischen Zusammenfassung der Verfahren. Anschließend wird auf die verschiedenen Aspekte der Urteile des EGMR, sowie auf die (abweichenden) Sondervoten der Richter eingegangen. Die Sachverhalte wurden den deutschen Übersetzungen der Urteile entnommen.[106]

Die anschließende Analyse soll aufzeigen, was die Urteile für Deutschland bedeuteten bzw. bedeuten. Was waren die Inhalte und Argumente der ausge-

---

[105] Durch die Verabreichung von Brech- oder Abführmitteln soll der Mageninhalt einer Person erbrochen oder ausgeschieden werden. So sollen Beweismittel gesichert werden, die sich möglicherweise in diesem befinden.
[106] Im Fall „Gäfgen" wird der Sachverhalt des Urteils der Großen Kammer (GK) vom 01.06.2010 zugrunde gelegt. Ergänzende Inhalte werden durch gesonderte Quellenangaben ausgewiesen.

lösten Diskussionen? Wie fielen die Reaktionen in Deutschland aus und inwieweit veränderten die Urteile den Umgang mit Festgenommenen in Polizeiverhören? Die Ausführungen werden größtenteils auf die für Art. 3 relevanten
Aspekte beschränkt.

4.2 Rechtssache Jalloh ./. Deutschland

Am 30.09.2000 hat der Bf. Herr Abu Bakah Jalloh eine gegen Deutschland
gerichtete Beschwerde beim EGMR eingereicht. Das Urteil ist nach nichtöffent-
licher Beratung am 23.11.2005 und 10.05.2006 am 11.07.2006 ergangen. Die
Beschwerde des sierra-leonischen Staatsangehörigen Jalloh ist gem. Art. 30 i.
V. m. Art. 72 VfO-EGMR[107] an die Große Kammer (GK) gegeben worden.
Neben einer Verletzung von Art. 3 wurde vom Bf. auch eine Verletzung von
Art. 6 behauptet. Im Urteil wurde folgender Sachverhalt festgestellt:

Am 29.10.1993 wurde der Bf. von Polizeibeamten mindestens zweimal beo-
bachtet, wie er einen Plastikbeutel („Bubble") aus seinem Mund nahm und
diesen einer anderen Person gegen Geld übergab. Die Beamten vermuteten
in den Bubbles Drogen. Als die Beamten den Bf. hierauf festnahmen, ver-
schluckte dieser den letzten noch in seinem Mund befindlichen Beutel. Wegen
Gefährdung des Untersuchungserfolges wurde deshalb von der Staatsanwalt-
schaft die ärztliche Verabreichung eines Brechmittels zur Exkorporation des
Beutels angeordnet, welche dann in einem Krankenhaus von einem Arzt
vorgenommen wurde. Hierzu musste der Bf. von vier Polizeibeamten festgehalten und fixiert werden. Nach der Verabreichung verschiedener Mittel via
Nasen-Magen-Sonde, hat der Bf. ein Bubble mit 0,2182 Gramm Kokain erbrochen. Strittig ist, ob vor der Verabreichung ein Anamnese-Verfahren[108] stattgefunden hat. Nach der Behandlung wurde der Bf. für haftfähig erklärt. Kurze Zeit
später hat der Bf. angegeben, zu müde für eine Aussage zu sein. Dies ge-

---

[107] BGBl. II 2002 S. 1080.
[108] Eine Anamnese ist die Erhebung der medizinischen Vorgeschichte und aktuellen
Befindlichkeit eines Patienten. Meist geschieht dies unmittelbar vor einem medizinischen
Eingriff.

schah in gebrochenem Englisch. Der deutschen Sprache war der Bf. zu diesem Zeitpunkt nicht mächtig.

Am 30.10.1993 wurde der Bf. in Untersuchungshaft genommen. Der Bf. behauptet, dass er nach der Behandlung drei Tage nur flüssige Nahrung einnehmen konnte und über zwei Wochen immer wieder Nasenbluten gehabt hätte. Nachdem der Bf. auch zweieinhalb Monate später noch über starke Magenschmerzen geklagt hat, wurde eine Magenspiegelung durchgeführt. Durch diese wurde eine Entzündung in der Speiseröhre diagnostiziert. Im ärztlichen Befund wurde kein unmittelbarer Zusammenhang zwischen der Verabreichung des Mittels und dem Gesundheitszustand der Bf. festgestellt bzw. festgehalten.

Der Bf. gibt an, dass er sich nach der Entlassung aus der Haftanstalt am 23.04.1994 weiter in ärztlicher Behandlung befunden habe. Für diese Behauptung konnte er aber keinerlei begründende Dokumente vorlegen.

Im Verfahren vor dem Amtsgericht Wuppertal widersetze sich der Bf. der Verwertung der Beweismittel, da diese seiner Meinung nach in unrechtmäßiger Weise durch das Verabreichen des Brechmittels erlangt worden seien. Die Verabreichung des Mittels sei in seinem Falle unverhältnismäßig nach § 81a StPO gewesen. Dieses Argument wies das Amtsgericht zurück und verurteile den Bf. wegen unerlaubten Handels mit Betäubungsmitteln zu einer Freiheitsstrafe von einem Jahr auf Bewährung. Die vom Bf. eingelegte Berufung verwarf das Landgericht Wuppertal, setzte die Strafe aber auf sechs Monate auf Bewährung herab. Gegen dieses Urteil legte der Bf. wiederum Revision ein und rügte damit Verfahrensfehler und die Verletzung materiellen Rechts. Das Oberlandesgericht Düsseldorf wies die Revision als unbegründet zurück.[109] Die vom Bf. eingelegte Verfassungsbeschwerde wurde vom BVerfG als unzulässig verworfen. In der Begründung wird ausgeführt, dass der Bf. den Grundsatz der Subsidiarität nicht beachtet hätte, da die vor allem medizinischen

---

[109] OLG Düsseldorf, Beschluss vom 19.09.1995, 2 Ss 290/95.

Fragen noch nicht Gegenstand eines Verfahrens vor einem Fachgerichtes gewesen seien.[110]

Vor dem EGMR sah sich der Bf. als Opfer einer „unmenschlichen und erniedrigenden Behandlung". Das Verabreichen eines Brechmittels stelle einen schwerwiegenden Eingriff in seine körperliche Unversehrtheit dar, welcher seine Gesundheit und sogar sein Leben ernsthaft gefährdet hätte.

Die GK stellte fest, dass eine Misshandlung ein Mindestmaß an Schwere erreichen muss, um unter Art. 3 zu fallen. Die Beurteilung sei relativer Natur und von allen Umständen des Falles abhängig. Die GK führt aus, dass eine Behandlung dann als „unmenschlich" anzusehen sei, wenn sie vorsätzlich über Stunden zugefügt wurde und durch sie entweder körperliche Verletzungen oder intensives physisches und psychisches Leid entstanden ist. Weiter sei eine Behandlung dann „erniedrigend", wenn sie aus dem Zwecke angewandt wird, bei dem Opfer Gefühle der Angst, Beklemmung und Unterlegenheit zu erzeugen oder wenn es eine Handlung ist, welche das Opfer gegen seinen Willen oder Gewissen tun soll. Jedenfalls müsse das Leiden der Opfer über das unvermeidbare Maß hinausgehen, welches mit einer berechtigten Strafe oder Behandlung entstehen würde. Nur dann könne sie als „unmenschlich" oder „erniedrigend" eingestuft werden.

Die Überprüfung eines möglichen Eingriffes in den Schutzbereich des Art. 3 wird von der GK mithilfe folgender Aspekte vorgenommen:

1. Der Grad der Notwendigkeit des medizinischen Eingriffs (Rechtfertigte die Schwere der Straftat den Eingriff?),
2. dessen gesundheitliche Risiken,
3. die Form der Durchführung des Eingriffs und die durch ihn hervorgerufenen Schmerzen und Leiden,
4. die Gewährleistung der ärztlichen Aufsicht während des Eingriffs und
5. die Folgen für die Gesundheit des Verdächtigen.

---

[110] BVerfG, Beschluss vom 15.09.1999, 2 BvR 2360/95, Z. 2 f., Volltextveröffentlichung abrufbar unter http://www.bverfg.de/entscheidungen/rk19990915_2bvr236095.html (Stand:31.09.2011).

In der Anwendung auf den hier vorliegenden Einzelfall hatten diese Aspekte für die GK folgende Bedeutung:

Zu 1.: Nach Ansicht der GK stellt der Handel mit Betäubungsmittel eine schwere Straftat dar. Im vorliegenden Fall geht die GK allerdings davon aus, dass der Dealer keine großen Mengen zum Verkauf anbot. Dies schließt die GK daraus, dass der Bf. die Drogen in seinen Mundhöhlen aufbewahrte. Das verhängte milde Strafmaß zeige auf, dass die innerstaatlichen Gerichte ebenso dieser Auffassung waren. Die GK zweifelt allerdings daran, dass das Vorgehen unerlässlich gewesen sei und weist darauf hin, dass ebenso die Möglichkeit bestanden habe, das Ausscheiden des Beutels auf natürlichem Wege abzuwarten (Z. 77).

Zu 2.: Die beiden Parteien sind sich uneins darüber, ob und inwieweit die Behandlung eine gesundheitliche Bedrohung des Bf. darstellte. Die GK erklärt, dass eine Methode, die in Deutschland schon zu zwei Todesfällen geführt hat, ihrer Ansicht nach nicht nur unerhebliche Risiken für die Gesundheit des Bf. bedeute (Z. 78).

Zu 3.: Die Fixierung durch vier Polizeibeamte beurteilt die GK als „gewaltähnliche Form" (Z. 79). Dies sei als Vorgehen einzustufen, mit dem man den physischen und psychischen Widerstand des Bf. brechen wollte. Diese Handlung sei mit Schmerzen und Furcht für den Bf. verbunden. Ebenso sei die Wartezeit, bis die Exkorporation eingetreten ist, demütigend gewesen.

Zu 4.: Zur Frage der medizinischen Aufsicht ist strittig, ob vor der Behandlung eine Anamnese vorgenommen wurde. Aufgrund der fehlenden Sprachkenntnisse und der energischen Abwehrhaltung des Bf. sei aber eher davon auszugehen, dass diese nicht stattgefunden habe. Die Behandlung selber sowie die Nachuntersuchung wurden von einem fachkundigen Arzt vorgenommen (Z. 80).

Zu 5.: Wie oben schon erwähnt, ist strittig, ob die Entzündung im Magenbereich, die zweieinhalb Monate nach der Behandlung festgestellt wurde, als Spätfolge dieser aufgetreten ist (Z. 81).

In der Gesamtbetrachtung aller Teilaspekte des Einzelfalles kommt die GK zu dem Schluss, dass die Handlung an dem Bf. die notwendige Schwere erreicht hat, um in den Schutzbereich des Art. 3 zu fallen. Als Begründung wird angegeben, dass dies ein schwerwiegender Eingriff in die physische und psychische Integrität des Bf. darstelle. Die dadurch entstandenen Gefühle der Angst und Erniedrigung hätten den Bf. gedemütigt und entwürdigt (Z. 82 f.).

Der EGMR hat daher festgestellt, dass die Bundesrepublik Deutschland den Art. 3 durch eine „unmenschliche und erniedrigende Behandlung" des Bf. verletzt hat (Z. 83). Diese Entscheidung traf die GK mit 10:7 Richterstimmen.

Darüber hinaus wurde noch der Verstoß gegen Art. 6 I festgestellt. Dieser ist durch die Verwendung der durch einen Verstoß gegen Art. 3 erlangten Beweismittel im Strafverfahren begründet (Z. 123).

Die Bundesrepublik Deutschland wurde im Urteil gem. Art. 41 verpflichtet, dem Bf. wegen dem erlittenen immateriellen Schadens eine Entschädigung i. H. v. 10.000 Euro zu zahlen (Z. 130). Weiter sind die Kosten und Auslagen des Bf. zu begleichen (Z. 134).

In der übereinstimmenden Meinung des Richters Zupančič teilt dieser mit, dass die Handlungen in dargelegtem Falle seiner Meinung nach so große Schmerzen und Leiden hervorgerufen haben, sodass hier von „Folter" gesprochen werden solle. Hierbei verweist er auf die Definition von „Folter" in Art. 1 der UN-Antifolterkonvention und stützt seine Forderung damit, dass die begangenen Handlungen die Tatbestandmerkmale dieses Artikels erfüllen würden.

Mit der Forderung, die Handlungen als „Folter" einzustufen, steht er allerdings isoliert da. Sieben Richter der GK[111] haben die Handlungen dagegen nicht einmal als „unmenschlich" oder „erniedrigend" angesehen und sie somit nicht als Verstoß gegen Art. 3 bezeichnet.

---

[111] Die Rede ist von den Richtern Wildhaber und Caflisch, Ress, Pellonpää, Baka und Šikuta, sowie des Richters Hajiyev.

So wäre die Anwendung von Gewalt nicht aus einem Anlass geschehen, der Art. 3 entgegensteht. Es wird außerdem darauf hingewiesen, dass der Bf. durch das Verschlucken des Beutels selbst die Anwendung der dargestellten Maßnahmen notwendig gemacht hätte.[112] Die harte Behandlung der Bf. wurde zwar anerkannt, doch müsse er - wenn er rechtswidrig mit Betäubungsmitteln handle - mit repressiven Maßnahmen des Staates rechnen.[113]

Das Verfahren vor dem EGMR und erst recht das Urteil des Gerichtshofs sorgten in Deutschland sowohl für eine neu entfachte Diskussion unter Rechtsexperten und Medizinern, forderte aber auch eine Reaktion seitens der deutschen Strafverfolgungsbehörden und in der deutschen Rechtsprechung.

In der nationalen Diskussion um den Einsatz von Brechmitteln in der Strafverfolgung wurde bereits 2002 gefordert, auf die Verabreichung des Brechmittels zu verzichten und stattdessen auf das natürliche Ausscheiden zu warten.[114] Andere Stimmen setzen sich für die Maßnahme ein, da mit ihr die Drogenproblematik bekämpft werden könne.[115] Die Reaktionen auf das Urteil waren ebenso unterschiedlich. Das Urteil wird zum einen als „für die Fortentwicklung (…) der Menschenrechte höchst bedeutsam"[116] bezeichnet. Das Urteil mache klar, dass das zwangsweise Verabreichen von Brechmitteln nicht mehr den europäischen Regeln des zivilisierten Zusammenlebens entspricht.[117] Es kommt aber ebenso Kritik an dem Urteil des Gerichtshofs auf. So ist auch nach dem Urteil nicht klar, inwieweit der zwangsweise Brechmitteleinsatz denn nun untersagt ist. Grund hierfür ist, dass der EGMR im Urteil den Einzelfallbezug in seiner gewohnten Weise sehr deutlich unterstrichen hat. Ebenso ist noch ungeklärt, welchen Grad an Schwere eine zwangsweise Brechmittelverabreichung aufweisen muss, um in den Schutzbereich des Art. 3 zu fallen; es fehlt die Konkretisierung.

---

[112] Abweichende Meinung der Richter Wildhaber und Caflisch.
[113] Abweichende Meinung der Richter Ress, Pellonpää, Baka und Šikuta.
[114] Vgl. Binder/Seeman, NStZ 2002, S. 234, 239.
[115] Bspw. Schaefer, NJW 1997, S. 2437, 2438 oder auch Birkholz u.a., Kriminalistik 1997, S. 277, 281.
[116] Gaede, HRRS 2006, S. 241, 246.
[117] Schuhr, NJW 2006, S. 3538, 3539.

Wie auch der EGMR in seinem Urteil festgestellt hat, sind die deutschen Bundesländer vor dem Urteil uneinheitlich mit dem Einsatz von Brechmitteln zur Beweissicherung umgegangen.[118] Da die Fragwürdigkeit der Brechmittelgabe mit dem Urteil nicht abschließend geklärt wurde, ist heute immer noch keine einheitliche Regelung zu finden. Zweifelsohne hat das Urteil aber dazu geführt, dass in den deutschen Bundesländern eine kontroverse Auseinandersetzung mit der Thematik stattgefunden hat. Die Maßnahmen, die von den Landesregierungen getroffen worden sind, fallen dabei unterschiedlich aus. So hat bspw. der Senat von Berlin veranlasst, dass auf die zwangsweise Verabreichung von Brechmitteln sowie deren Androhung verzichtet wird.[119] In Hamburg hat der Senat beschlossen, dass die Gabe von Brechmitteln nur noch auf freiwilliger Basis und erst bei Jugendlichen ab 16 Jahren anzuwenden sei.[120] Auch in Hessen, Niedersachsen, Nordrhein-Westfalen, Sachsen-Anhalt, Schleswig-Holstein und Thüringen ordneten die Landesregierungen in unterschiedlicher Weise an, dass die zwangsweise Brechmittelgabe zur Strafverfolgung nicht mehr zu erfolgen hat.[121]

Zuletzt zog auch der Bundesgerichtshof (BGH) Konsequenzen aus der europäischen Rechtsprechung. Aus seinem Urteil vom 29.04.2010[122] geht hervor, dass der in diesem Fall tödlich verlaufende Brechmitteleinsatz aus objektiver Sicht als Körperverletzung mit Todesfolge zu werten ist. Durch das Urteil im Fall Jalloh sei - so der BGH wörtlich - eine „geläuterte Sicht der Dinge"[123] eingetreten. Diesem Urteil des BGH wird ein „Symbolwert"[124] zugerechnet. Dieser „Symbolwert" deutet den deutschen Strafverfolgungsbehörden und der Rechtspraxis, dass § 81a StPO den Einsatz von Brechmitteln nicht rechtfertigt,

---

[118] EGMR, Jalloh, Z. 96: „Seit 1993 wenden (...) Berlin, Bremen, Hamburg, Hessen und Niedersachen diese Maßnahmen regelmäßig an."
[119] Abgeordnetenhaus Berlin, Drucksache 15/13639 vom 14.07.2006; abrufbar unter: http://www.parlament-berlin.de:8080/starweb/AHAB/ (Stand: 01.08.2011).
[120] Hamburgische Bürgerschaft, Drucksache 18/5851 vom 27.02.2007; abrufbar unter: https://www.buergerschaft-hh.de/parldok/ (Stand: 01.08.2011).
[121] Vgl. Lück, Einsatz von Emetika, S. 48 f.
[122] BGH, Urteil vom 29.04.2010 - 5 StR 18/10 (LG Bremen), NJW 2010, S. 2595.
[123] Ibid. S. 2595, 2597, Rn. 23.
[124] Eidam, NJW 2010, S. 2596, 2601.

sondern dieser prozessrechtlich unzulässig ist. Durch das Urteil wurde somit eine eindeutige Weisung an die Strafverfolgungsbehörden erteilt.[125]

Es ist zu erkennen: Das Urteil des EGMR ist in Deutschland sowohl in der Fachliteratur, als auch in der Rechtsprechung und der Praxis der Strafverfolgungsbehörden angekommen: Die ausgelösten Wellen waren enorm!

4.3 Rechtssache Gäfgen ./. Deutschland

Der zweite Fall, der zu einer Verurteilung Deutschlands aufgrund einer Verletzung des Art. 3 führte, hat eine weitaus höhere „Popularität" erreicht. Er ist Ursprung und Grund einer seit 2002 geführten Debatte zum Thema Folter von noch nie dagewesenem Ausmaß. Medien, Politiker, Menschenrechtsorganisationen oder Autoren liefern unentwegt neue Argumente, durch welche der Fall immer wieder in den Fokus der Bundesbürger gerückt wird. So findet der Fall nicht nur Einzug in etliche Fachzeitschriften, sondern wird auch am Stammtisch oder auf dem Wochenmarkt rege diskutiert. Das Motiv hierfür liefert ein Aspekt der geführten Diskussion, welcher in jedem Menschen unterschiedliche Reaktionen auslöst; ein Jeder bildet sich hierzu eine individuelle, differierende Anschauung. Die Rede ist von der *Würde des Menschen*.

Die geführte Debatte gehört noch lange nicht der Vergangenheit an und ist auch keinesfalls als abgeschlossen anzusehen. Bis heute wird sie teils hitzig geführt und hat durch ein Urteil des Landgerichts Frankfurt am Main vom 04.08.2011[126] auch in jüngster Vergangenheit wieder Aktualität erlangt. In diesem Urteil wurde dem Bf. eine Entschädigung i. H. v. 3000 Euro vom Land Hessen zugesprochen.[127]

Eben weil der gesamte Verfahrensweg sehr extensiv und detailliert war bzw. ist und die damit einhergehende Debatte teils weitschweifig geführt wird, wer-

---

[125] Vgl. Stempel/Heinken, famos 03/2011, S. 6.
[126] LG Frankfurt am Main, Urteil vom 04.08.2011, 4 O 521/05.
[127] Anmerkung: Da das Urteil bei der Erstellung dieser Arbeit noch nicht verfügbar war, wird auf seine Inhalte und Folgen nicht eingegangen; es wird lediglich der Vollständigkeit halber erwähnt. Nähere Informationen bspw. unter http://www.faz.net/artikel/C30857/wegen-folterdrohung-entschaedigung-fuer-kindsmoerder-gaefgen-30479214.html (Stand: 09.08.2011).

den in nachfolgender Betrachtung nur die für die Fragestellung, welche der Titel beinhaltet, relevanten Standpunkte aufgeführt. Aufgrund der Fülle an gegensätzlichen Stimmen kann die Abhandlung, wie sie hier dargestellt wird, nicht als abschließend gesehen werden. Eine vollständige und erschöpfende Analyse würde den Rahmen dieser Arbeit um ein Vielfaches sprengen. Zuerst wird die Chronologie des „Mordfalls Metzler" beleuchtet. In Kap. 4.3.2 wird anschließend explizit die in Deutschland ausgelöste Debatte zur Rechtssache, in welcher es um mögliche Ausnahmetatbestände des Verbots der Folter und um die Beurteilung der „Rettungsfolter"[128] in Polizeiverhören geht, veranschaulicht.

4.3.1 Das Verfahren vor dem EGMR

Der Fall des Bf. wurde schon zweimal vor dem EGMR verhandelt. Im ersten Urteil vom 10.04.2007 wurde von der Fünften Sektion des Gerichtshofs festgestellt, dass der Bf. nicht mehr behaupten kann, Opfer einer Verletzung des Art. 3 zu sein. Sie sprach ihm somit die Opfereigenschaft ab. Da dies nicht im Einvernehmen des Bf. geschah, beantragte er, dass die Rechtssache an die GK des EGMR verwiesen wird. Diesem Antrag wurde am 01.12.2008 entsprochen. Mit Urteil vom 01.06.2010 revidierte die GK die Ansicht der Kammer und stellte fest, dass der Bf. immer noch behaupten kann, Opfer eines Verstoßes gegen Art. 3 gewesen zu sein (Z. 130).[129] Aus diesem Urteil wird folgender Sachverhalt wiedergegeben:

Bf. ist der deutsche Staatsangehörige Magnus Gäfgen, welcher derzeit in der JVA Schwalmstadt inhaftiert ist.

Am 27.09.2002 entführte der Bf. den 11-jährigen Jakob von Metzler, Sohn einer Bankiersfamilie in Frankfurt am Main. Er lockte ihn in seine Wohnung und erstickte den Jungen. Mittels Erpresserschreiben forderte er dann von den Eltern des Jungens ein Lösegeld i. H. v. einer Million Euro. In diesem Schrei-

---

[128] Definition aus Waadt, Todesschuss und Rettungsfolter, S. 11: „Als Rettungsfolter bezeichnet man die Anwendung von Folter durch eine Amtsperson im Rahmen der Gefahrenabwehr, um eine Person zu einer Aussage zu zwingen, durch die ein bedrohtes Rechtsgut geschützt werden soll."
[129] Die Angaben der Zahlen in KLammern stammen aus dem Urteil der GK vom 01.06.2010.

ben teilte er mit, dass die Eltern ihr Kind wiedersehen würden, wenn das Lösegeld übergeben worden sei und er das Land verlassen habe. Die Leiche des Jungens versteckte er an einem Weiher nähe Frankfurts unter einem Steg.

Am 30.09.2002 wurde das bereitgestellte Lösegeld durch den Bf. abgeholt. Von diesem Zeitpunkt an wurde er von der Polizei observiert und noch am selben Tag am Frankfurter Flughafen festgenommen. Nach einer ärztlichen Behandlung wurde er zu einer ersten Befragung auf das Polizeipräsidium Frankfurt am Main gebracht. Bei der zwischenzeitlich durchgeführten Wohnungsdurchsuchung wurden die Hälfte des Lösegelds und ein Zettel mit Notizen zur Planung der Tat sichergestellt.

Im Polizeiverhör gab der Bf. an, dass das Kind von einem anderen Entführer festgehalten werde. Nach einer Unterredung mit seinem Anwalt nannte er schließlich zwei Namen. Diese beiden Personen hätten Jakob entführt und ihn zu einer Hütte an einem See gebracht.

Am 01.10.2002 wies der Vizepräsident der Frankfurter Polizei Wolfgang Daschner (D.) den Polizeibeamten Ortwin Ennigkeit (E.) an, dem Bf. „erhebliche körperliche Schmerzen anzudrohen und nötigenfalls zuzufügen, um ihn zur Preisgabe des Aufenthaltsortes des Kindes zu veranlassen" (Z. 15). Dies hatte D. bereits wiederholt seinen unterstellten Abschnittsleitern angeordnet. Diese hatten sich hierzu geweigert. E. drohte dem Bf. demnach auf Anweisung von D., „dass ihm von einer speziell für diese Zwecke ausgebildete Person massive Schmerzen zugefügt würden, wenn er den Aufenthaltsort des Kindes nicht preisgebe" (Z. 15). Der Bf. behauptet, dass der Beamte ihm überdies noch damit gedroht hätte, „ihn mit zwei großen Schwarzen in eine Zelle zu sperren, die ihn sexuell missbrauchen würden" (Zif. 15). Ferner behauptet er, dass es zu körperlichen Übergriffen gekommen sei. Die Androhung des sexuellen Missbrauchs und die Anwendung von körperlicher Gewalt werden von der deutschen Regierung bestritten (Z. 15).

Nach den Androhungen von E. schilderte der Bf. schließlich, wo sich die Leiche des Kindes befand. Der Bf. wurde an den Weiher gefahren und nannte hier den genauen Ort, an dem er die Leiche versteckt hatte. An dem Weiher wurden Reifenspuren vom Fahrzeug des Bf. gefunden. Auf der Rückfahrt gestand der Bf., dass er den Jungen entführt und getötet habe.

Ein sichergestellter Aktenvermerk, der von D. angefertigt wurde, bestätigte die oben genannten, an E. gegebenen Weisungen. Den Notizen nach, hat D. gesondert einen anderen Beamten angewiesen, ein „Wahrheitsserum", zur Verabreichung an den Bf. zu beschaffen (Z. 20).

Vor dem beim Landgericht Frankfurt am Main gegen den Bf. gerichteten Verfahren stellte dieser einen Antrag auf Einstellung des Verfahrens. Er begründete dies damit, dass seine Behandlung gegen Art. 3 EMRK und § 136 a StPO verstoßen habe. Hilfeweise beantragte er außerdem für alle Aussagen, die er bisher gemacht habe, sowie für sämtliche Beweismittel (z.B. die Leiche des Kindes), die sichergestellt wurden, ein Verwertungsverbot. Er wies darauf hin, dass angesichts der Gewaltandrohung in dem Polizeiverhör der sogenannte „fruits of the poisonous tree"-Effekt[130] bestehe (Fernwirkung) (Z. 25). Das Gericht entschied jedoch entgegen des Antrages, dass das Strafverfahren fortgeführt werden könne. Auf den zweiten gestellten Antrag befand das Gericht, dass sämtliche bisher getätigten Aussagen des Bf. als Beweismittel in dem Verfahren unzulässig seien. Zurückgewiesen wurde allerdings die Forderung des Bf., die erlangten Beweismittel vom Verfahren auszuschließen.

Im eigentlichen Verfahren vor dem Landgericht gestand der Bf. die Entführung und Ermordung von Jakob. Er erklärte, dass er dies anfangs nicht geplant habe aber die Verantwortung für die Tat übernehmen wolle. Am Ende der Hauptverhandlung räumte der Bf. ein, dass die Tötung des Jungens von Anfang an geplant war.

---

[130] Definition: Mittelbar aufgrund eines unverwertbaren Beweismittels gewonnene Beweise.

Am 28.07.2003 wurde der Bf. u.a. für Mord in Tateinheit mit erpresserischem Menschenraub mit Todesfolge zu einer lebenslangen Freiheitsstrafe verurteilt.[131]

Die vom Bf. eingelegte Revision wurde vom BGH am 21.05.2004 als unbegründet verworfen.[132] Die am 23.06.2004 erhobene Verfassungsklage des Bf. befand das BVerfG als unzulässig.[133] Derweil wurden gegen die Polizeibeamten D. und E. Verwarnungen mit Strafvorbehalt ausgesprochen.[134] Der Bf. stellte beim Landgericht Frankfurt am Main des Weiteren einen Antrag auf Prozesskostenhilfe für eine Amtshaftungsklage gegen das Land Hessen (Z. 53 - 58).

Vor der GK widersetze sich der Bf. der Entziehung seiner Opfereigenschaft. Die GK musste folglich prüfen, ob die anfängliche Opfereigenschaft des Bf. noch besteht oder diese im Laufe des Verfahrens im Sinne von Art. 34 entfallen ist. Hierzu sollte zuerst die Behandlung des Bf. bei der Vernehmung sowie die Charakteristik dieser Behandlung i. S. d. Art. 3 ermittelt werden.

Die GK stellte es als erwiesen fest, dass dem Bf. in vorstehend dargestellter Weise unerträgliche Schmerzen angedroht wurden. Die Anweisung von D. würde das Element der Absicht enthalten und wäre nicht spontaner Natur entsprungen. Zu berücksichtigen sei auch, dass der Bf. mit Handschellen gefesselt war - er hätte sich somit in einer „Situation (…) besondere[r] Verletzlichkeit" befunden, die „durch besonderen Zwang gekennzeichnet war" (Z. 95). Die Behauptung, dass dem Bf. im Verhör sexueller Missbrauch angedroht wurde und er körperlich angegangen wurde, sieht der EGMR nicht als nachgewiesen an (Z. 98).

Bei der Charakterisierung der Behandlung ist die GK der Auffassung, dass die angewandte Vernehmungsmethode die notwendige Schwere aufweist, um als unmenschliche Behandlung eingestuft zu werden. Sie sieht in ihr aber nicht

---

[131] LG Frankfurt am Main, Urteil vom 28.07.2003, 22 Ks 2/03 3490 Js 230118/02.
[132] BGH, Beschluss vom 21.05.2004, 2 StR 35/04.
[133] BVerfG, Beschluss vom 14.12.2004, 2 BvR 1249/04 = NJW 2005, S. 656.
[134] LG Frankfurt am Main, Urteil vom 20.12.2004, 5/27 KLs 7570 Js 233814/03 (4/04).

das Maß an Grausamkeit, um die Schwelle zur Folter zu erreichen (Z. 102-108).

Außerdem sah die GK es als erwiesen an, dass die innerstaatlichen Behörden dem Bf. keine ausreichende Abhilfe für die konventionswidrige Behandlung gewährt haben. Als Grund hierfür führt die GK auf, dass sich die Polizeibeamten zwar einem Strafverfahren gegenüber sahen, die ausgesprochenen Bestrafungen jedoch nicht den abschreckenden Effekt hätten, um ähnliche Konventionsverletzungen in Zukunft zu vermeiden. Ein weiterer Grund war, dass die GK aufgrund der schon langen Verfahrensdauer des Antrags auf Prozesskostenhilfe des Bf. an der Effizienz des Amtshaftungsverfahrens zweifelte.

Daher hat die GK mit 11:6 Richterstimmen entschieden, dass der Bf. weiterhin beanspruchen kann, Opfer eines konventionswidrigen Verhaltens in Form eines Verstoßes gegen Art. 3 zu sein (Z. 130). Art. 6 sieht die GK hingegen nicht verletzt (Z. 187). Der Bf. machte vor der GK keine Entschädigungen für materiellen oder immateriellen Schaden geltend. Er betonte, „das Ziel seiner Beschwerde sei, ein neues Verfahren vor den innerstaatlichen Gerichten zu erwirken" (Z. 190).

Um andere Sichtweisen aufzuzeigen wird auch hier auf die abweichenden Sondervoten der Richter der GK eingegangen. In einer der teilweise abweichenden Meinungen wurde die Beurteilung der Beweismittel kritisiert, wonach diese für das Verfahren zugelassen wurden. So wurde von den Richtern gefordert, dass der EGMR die Frage nach dem Verwertungsverbot in diesem Fall eindeutig hätte klären müssen. Die Fairness i. S. d. Art. 6 würde es erfordern, dass für Beweismittel, die unter einer Verletzung von Art. 3 erlangt wurden, ein Verwertungsverbot gelte - unabhängig vom Verhalten des Beschuldigten. Auch wenn die Situation kritisch gewesen wäre, sollte man doch gerade in kritischen Zeiten die absoluten Werte nicht in Frage stellen.[135]

Ein zweites, teilweise abweichendes Sondervotum zielt auf die fragwürdige Opfereigenschaft des Bf. ab. Die Richter schließen sich den Folgerungen im

---

[135] Teilweise abweichende Meinung der Richter Rozakis, Tulkens, Jebens, Ziemele, Bianku und Power.

Urteil der Kammer vom 30.06.2008 an. Sie vertreten die Meinung, dass die innerstaatlichen Gerichte dem Bf. genügend Wiedergutmachung zugeschrieben hätten, erst recht, da die beiden beteiligten Polizeibeamten verurteilt und bestraft wurden.[136]

Der Fall „Gäfgen" unterscheidet sich vom Fall „Jalloh" wesentlich. So stand beim Fall „Gäfgen" nicht die Frage im Vordergrund, ob die angewandten Handlungen in den Schutzbereich des Art. 3 fallen oder welche Charakteristik sie im Stufenmodell des Art. 3 einnehmen. Die deutschen Gerichte hatten hier schon im Vorfeld des Verfahrens vor dem EGMR eindeutig anerkannt, dass die Handlungen im Verhör gegen Art. 3 verstoßen haben. Diese Auslegung des Art. 3 wurde später vom EGMR bestätigt: Schon die bloße Androhung erheblicher Schmerzen ist als „unmenschliche Behandlung" anzusehen. Das Urteil des LG Frankfurt am Main bekräftigte den absoluten Charakter des   Art. 3.

Strittig war in diesem Urteil, ob der Bf. die Verletzung des Art. 3 noch geltend machen könne oder ob seine Opfereigenschaft nicht mehr bestehe. Das ergangene Urteil stellt demnach auch die Bestrafung der Polizeibeamten in Frage. Diese sei nicht angemessen gewesen. Dies ist als ein eindeutiges Signal zu verstehen. Sowohl an das deutsche Gericht, welches das Urteil erlassen hat, aber auch grundsätzlich an das gesamte europäische Rechtswesen. Ein Verstoß gegen Art. 3 ist eben nicht damit erledigt, den Beschuldigten den „Schauprozess" zu machen, sie aber nur zu einer Verwarnung mit Strafvorbehalt zu verurteilen.

Das Signal, welches in Deutschland so sehr diskutiert wird, war aber ein anderes: Die Absolutheit des Art. 3 bleibt in jedem Falle bestehen, auch wenn dadurch wie in diesem Fall das Leben anderer Personen (das des Jungen) gefährdet wird.

---

[136] Teilweise abweichende Meinung von Richter Casadevall, der sich die Richter Kovler, Mijović, Jaeger, Jočienė und López Guerra angeschlossen haben.

4.3.2 Die Debatte um die „Rettungsfolter" als Auswirkung des Urteils

In diesem Abschnitt werden die verschiedenen Standpunkte in der ausgelösten Diskussion aufgezeigt - Die Argumente FÜR den Einsatz der Rettungsfolter als Ausnahme des Art. 3 und die Argumente DAGEGEN. Dies geschieht anhand der Auswertung von Aufsätzen in Fachzeitschriften und der Beurteilung der medialen Diskussion. Eine vollständige rechtliche Beurteilung der Thematik erfolgt nicht.[137]

Nicht der oben dargestellte Fall ist als Ausgangspunkt der Debatte anzusehen. Bereits vor dem Jahr 2002 wurde schon rege über mögliche Ausnahmen des Folterverbots konferiert. Wie heute gab es schon 1995 Kritiker, die das absolute Verbot unnachgiebig argwöhnten. An erster Stelle ist hier der Heilbronner Rechtsphilosoph *Winfried Brugger* zu nennen. Schon 1995 konstruierte er einen fiktiven „Musterfall", der das Dilemma um das Verbot der Folter aufzeigen soll.[138] Er beschreibt eine Situation, in welcher ein Terrorist eine Stadt mit einer chemischen Bombe erpresst. Der Terrorist wird schließlich gefasst und teilt der Polizei mit, dass er die Bombe schon scharfgemacht hätte; diese würde in drei Stunden explodieren und alle Bewohner der Stadt töten. Sie würden an Schmerzen sterben, gegen die die schlimmste Folter nichts wäre. Auch nach der Anwendung aller Zwangsmittel gibt er das Versteck der Bombe nicht bekannt. Der Erpresser fordert eine hohe Geldsumme, die rechtskräftige Freilassung verurteilter Verbrecher sowie ein Fluchtflugzeug. Außerdem sollen ihm zur Sicherheit Politiker als Geiseln übergeben werden. Nachdem alle anderen Alternativen ausscheiden, sieht die Polizei nur noch das Mittel des „Herausholens" des Verstecks der Bombe aus dem Erpresser - notfalls mit Gewalt. Ähnliche Fälle wurden u.a. 1993 von *Niklas Luhmann*[139] oder 2004 von *Timothy Garton Ash*[140] publiziert. Auch *Brugger* kommt in seinen weiteren Veröffentlichungen immer wieder auf den beschriebenen Fall zurück.[141] Für *Brugger* gibt es für den Fall zwei Lösungsmöglichkeiten: „Die Diagnose eines

---

[137] Näheres zur strafrechtlichen Beurteilung der Rettungsfolter in: Wagenländer, Rettungsfolter.
[138] Brugger, VBlBW, 1995, S. 414, 446 ff.
[139] Luhmann, Gibt es in unserer Gesellschaft noch unverzichtbare Normen?
[140] Ash, Die Welt, 09.03.2004.
[141] Bspw.: Brugger, Der Staat 1995, S. 67, 69; Brugger, JZ 2000, S. 165.

absoluten Folterverbots auf der einen Seite, [und] die Relativierung des absoluten Folterverbots auf den hier vorliegenden Ausnahmefall auf der anderen Seite".[142]

Konkreter wird *Brugger* im Jahre 2000.[143] Er stellt fest, dass das absolute polizeirechtliche Verbot[144] durch das deutsche Verfassungsrecht bestätigt wird, da Art. 104 I GG und Art. 1 I GG ebenso keine Schrankenvorbehalte aufweisen. Dessen ungeachtet versucht er, die Relativierung des Folterverbots zu begründen.

Hierfür bestimmt *Brugger* bezugnehmend auf den fiktiven Fall acht Merkmale, welche diesen kennzeichnen. Das Vorliegen dieser Merkmale sei die Voraussetzung für mögliche Ausnahmefälle:

> *„Es liegt eine (1) klare, (2) unmittelbare, (3) erhebliche Gefahr für (4) das Leben und die körperliche Integrität einer unschuldigen Person vor. (5) Die Gefahr ist durch einen identifizierbaren Störer verursacht. (6) Der Störer ist die einzige Person, die die Gefahr beseitigen kann, indem er sich in die Grenzen des Rechts zurückbewegt, also das Versteck der Bombe verrät. (7) Dazu ist er auch verpflichtet. (8) Die Anwendung körperlichen Zwangs ist das einzig erfolgversprechende Mittel zur Informationserlangung."[145]*

Der Rechtsphilosoph weist darauf hin, dass sich bei der Frage um die Absolutheit des Folterverbots sowohl im Polizeirecht als auch im Verfassungsrecht „Formulierungs- oder Wertungslücken" ergeben könnten.[146] Er beschreibt zwei Fälle, die den Wertungswiderspruch des geltenden Rechts aufweisen sollen: Hält ein Geiselnehmer seinem unschuldigen Opfer die Pistole an die Schläfe, darf er erschossen werden, wenn dies das einzig erfolgversprechende Mittel zur Rettung des Lebens der Geisel ist. Die körperliche Integrität des Opfers wird also über die des Geiselnehmers gestellt. Wird das Leben des Opfers anstatt mit einer Pistole aber mit einer Bombe, die der Geiselnehmer an der

---

[142] Brugger, Der Staat 1995, S. 67, 70.
[143] Brugger, JZ 2000, S. 165.
[144] § 35 I bw PolG: *„Die Polizei darf bei Vernehmungen zur Herbeiführung einer Aussage keinen Zwang anwenden.";* Anmerkung: Brugger beruft sich auf das Polizeirecht in Baden-Württemberg.
[145] Brugger, JZ 2000, S. 165, S. 167.
[146] Brugger, JZ 2000, S. 165, 167.

Geisel befestigt hat bedroht, darf kein unmittelbarer Zwang gegen den Geisel-nehmer angewendet werden, um damit die Herausgabe des Codes für den Zündmechanismus zu erreichen. Das Leben der Geisel wird also aufgrund der zu schützenden Unversehrtheit des Täters hingenommen. „Das ist ein Wer-tungswiderspruch im Sinne einer nicht einleuchtenden Ungleichbehandlung und eine klare Ungerechtigkeit aus Sicht des Opfers und der Ziele des Polizei-rechts".[147]

Bereits *Paul Kirchhof* hat in den 1970er Jahren festgestellt, dass solche Wer-tungswidersprüche bestehen. Er ist der Meinung, dass die Interessen der Rechtstreuen die der Rechtsbrecher in solch Fällen übersteigen sollten. „Das in Grenzen der Rechtsordnung verbleibende Opfer verdient den vorrangigen Schutz des Staates. Der Angreifer verliert ihn, soweit der Schutz des Opfers dieses fordert."[148]

Unter den acht oben aufgezeigten Bedingungen und in Bezug auf die Wer-tungswidersprüche fordert *Brugger,* dass sowohl im Anwendungsbereich des § 35 Polizeigesetz (bw PolG), wie auch in dem des Art. 104 I 2 GG eine teleolo-gische Reduktion vorgenommen werden könne.[149]

Interessant ist, dass *Brugger* in Bezug auf den Musterfall nicht nur eine mögli-che Verpflichtung der staatlichen Organe zur Anwendung von Folter sieht, sondern dass seiner Meinung nach „die betroffenen Bürger (…) einen indivi-duellen Anspruch auf Anwendung von Gewalt haben, um (…) die Lebensge-fahr zu beseitigen."[150]

In der EMRK sieht *Brugger* ebenso einen Wertungswiderspruch.[151] Diesen sieht er in den unterschiedlichen Wertungen des Art. 3 i. V. m. Art. 15 und des Art. 2. Im Gegensatz zum absoluten Art. 3 wird das Recht auf Leben in Art. 2 II für bestimmte Fälle eingeschränkt. In Anlehnung an eben diese Einschränkung schlägt Brugger auch einen Zusatz für Art. 3 vor:

---

[147] Ibid. S. 168.
[148] Kirchhof, in: Deutsche Sektion der Internationalen Juristen-Kommission, S. 83, 114.
[149] Brugger, JZ 2000, S. 165, 169.
[150] Brugger, JZ 2000, S. 165, 171.
[151] Ibid., S. 170.

„Eine Folter oder foltergleiche Behandlung wird nicht als Verletzung dieses Artikels angesehen, wenn sie das einzige Mittel zur Abwehr einer gegenwärtigen Lebensgefahr oder der gegenwärtigen Gefahr einer schwerwiegenden Verletzung der körperlichen Unversehrtheit eines Dritten ist und sich gegen den Verursacher dieser Gefahr wendet."[152]

Bereits die Darstellung des Musterfalls und der daraus folgende Versuch, eine Relativierung des Verbots zu begründen, sind auf viele gegenteilige Argumentationen gestoßen. So erhob bspw. *Markus Raess* folgende Einwände: (1) Eine Relativierung führe zu einer Aushöhlung des Folterverbots. (2) Eine erpresste Aussage könne ebenso gut unwahr sein. (3) Durch Folterhandlungen würde sich der Staat auf dasselbe Niveau wie Terroristen stellen „und so die eigenen Werte verleugne[n]". (4) „Die Gesellschaft muss andere Mittel finden, sich zu verteidigen." (5) Das im Musterfall beschriebene Szenario stelle ein Extrembeispiel dar, welches sich nicht eignet, um daraus Schlussfolgerungen zu ziehen. (6) „Gegen jede Rechtfertigung von Folter spricht auch die Achtung vor der Würde des Menschen."[153]

Auch wenn *Bruggers* Aussagen auf der zeitlichen Schiene vor dem Fall des entführten Jakob einzuordnen sind, ist klar, dass mit dem Fall „Gäfgen" eine im Musterfall beschriebene Zwangslage schon eingetreten ist. Prekär ist hierbei, dass *Brugger* bereits im Jahre 2000 forderte,

„(...)dass für den Fall des Eintretens der geschilderten Ausnahmesituation die Amtswalter das Richtige und Gerechte tun würden, nämlich Zwang zur Informationspreisgabe anwenden. Wir erwarten dann auch, dass der moralisch-politische Druck zum Schutze dieser Amtswalter übermächtig wäre. Und wir wissen, dass das zumindest von dem Erpresser angerufene nationale oder internationale Gericht dann interpretativ Wege finden würde, für diese Fallgruppe (...) die notwendige Zwangsanwendung als gerechtfertigt anzusehen."[154]

Betrachtet man die Handlungen der Frankfurter Polizisten D. und E., so stellt man fest, dass diese ganz im Sinne *Bruggers* handelten. Mit dem Frankfurter Fall hatte Brugger also den von ihm erhofften „Präzedenzfall". Festzustellen ist aber, dass die innerstaatlichen Gerichte und der EGMR bekanntermaßen

---

[152] Brugger, in: Nitschke, S. 107, 113.
[153] Vgl.: Raess, Völkerrecht, S. 111 ff.
[154] Brugger, JZ 2000, S. 165, 173.

keineswegs getreu *Bruggers* Aussagen entschieden haben, sondern die Absolutheit des Folterverbotes sowohl auf nationaler wie auch auf europäischer Ebene noch bestärkten. Die Rechtsprechung hatte sich Bruggers Folgerungen zur Relativierung nicht angeschlossen. Waren die Urteile der Gerichte auch nicht im Sinne von *Brugger*, fühlte sich dieser freilich oder vielleicht gerade deswegen in seinen Überlegungen bestätigt.

Der Frankfurter Fall, aber auch die Bilder aus Abu Ghraib oder die Terroranschläge von New York und Washington D.C. rückten das Thema um mögliche Ausnahmen des Folterverbots nach der Jahrtausendwende wieder in den Fokus vieler Juristen, Strafrechtler und Autoren.

Schon allein das Zustandekommen einer Diskussion wurde teils stark kritisiert; galt doch in den letzten Jahrzehnten bereits eine Debatte als Tabubruch. So wurde die Debatte um den Frankfurter Fall teilweise als Endtabuisierung des Themas wahrgenommen. Doch wie jetzt zu sehen ist, gibt es nicht nur Kritiker dieses Tabubruchs, sondern auch viele Befürworter. So konnte man angesichts des offenen Umgangs mit den Details des Verhörs seitens der Frankfurter Polizei sogar „den Eindruck von einer gewünschten öffentlichen Diskussion haben, in der auch auf eine zu erwartende Sympathiewelle gesetzt werden sollte."[155]

„Schluss der Debatte über Ausnahmen des Folterverbots!"[156] fordert daher der Rechtsanwalt *Hamm*, der Daschners Vorgehen als „völlig inakzepta[bel]" bezeichnet. Als direkte Replik auf die Beiträge von *Hamm* und *Schaefer* antwortet *Miehle*, der eine bleibende Debatte unter Fachleuten fordert.[157] Ergänzend zu *Brugger* empfiehlt er, anstatt der Wertungswidersprüche eher „eine unmittelbare Reduktion der Folterverbote zu prüfen".[158]

---

[155] Schaefer, NJW 2003, S. 947.
[156] Hamm, NJW 2003, S. 946.
[157] Miehle, NJW 2003, S. 1219.
[158] Ibid., S. 1220.

Als möglichen Rechtfertigungsgrund der Rettungsfolter wird in der Diskussion immer wieder die in § 32 StGB verankerte Notwehr aufgeführt.[159] Das LG Frankfurt am Main hat den Polizeibeamten dieses Recht jedoch nicht zugestehen wollen. Es gibt aber durchaus auch Meinungen, die die individuelle strafrechtliche Verantwortung eines Hoheitsträgers eben nicht schlechter stellen als die einer in privater Verantwortung handelnder Person.[160] Hierzu ist festzustellen, dass das aus dem GG sowie internationalen Übereinkommen abgeleitete Verbot der Folter zwar als „absolut" deklariert wird, jedoch keine eigenständige Strafdrohung enthält. Wird gegen das Verbot verstoßen, ergibt sich die Strafbarkeit vielmehr aus den nationalen Vorschriften des Strafrechts; in Deutschland eben aus den Normen des StGB. So ist bspw. der Strafrechtler *Erb* der Meinung, dass man Folter keinesfalls als staatliches Instrument einsetzen dürfe, jedoch aber Polizeibeamten aus strafrechtlicher Sicht nicht davon abhalten kann, diese einzusetzen. Begründet wird dies dadurch, dass die Beamten in eigenmächtiger Weise Nothilfe für das Opfer leisten würden.[161]

Die Debatte lässt sich zu einem gewissen Teil auf eine Fragestellung reduzieren: Ist die Würde des Täters aus Art. 1 I GG auch unantastbar, wenn dadurch das Recht des Opfers auf Leben (Art. 2 II GG) gefährdet wird? Im Schrifttum sind sowohl Argumentationen zugunsten des Opfers,[162] als auch gegenteilige[163] zu finden. So wendet bspw. *Jahn* die sog. „Koppelungsthese"[164] an.

---

[159] So z.B. Günther, in: Beestemöller/Brunkhorst, S. 101, 103 ff.; Haurand/Vahle, NVwZ 2003, S. 513, 519 f.; Wittreck, DÖV 2003, S. 873, 876; hierzu: Perron, in: Schönke/Schröder, § 32, Rn. 42a: „*Umstritten ist (…), ob auch hoheitliche Maßnahmen zum Schutze des Angegriffenen nach § 32 [StGB] gerechtfertigt sein können oder ob hier nur auf speziell öffentlich-rechtliche Ermächtigungsnormen zurückgegriffen werden darf.*"; und weiter in Rn. 62a: „*Als Abwehrmittel schlechthin unzulässig ist Folter.*"

[160] Vgl. Erb, Jura 2005, S. 24; Fahl, JR 2004, S. 182; Götz, NJW 2005, S. 953; Hilgendorf, JZ 2004, S. 331; Jerouschek/Kölbel, JZ 2003, S. 613; Merten, JR 2003, S. 404; Mitsch, Die Polizei 2004, S. 254; Wittreck, DÖV 2003, S. 873, 876 f.; dagegen sprechen sich u.a. aus: Hamm, NJW 2003, S. 946; Jeßberger, Jura 2003, S. 711; Kinzig, ZStW, 2003, S. 791; Saliger, ZStW 2004, S. 35; Schaefer, NJW 2003, S. 947.

[161] Erb, Fall Daschner, Rn. 10.

[162] Für den Stellenwert der Menschenwürde über dem des Lebens: BVerfGE 45, S. 187, 227; Di Fabio, in: Maunz/Dürig, Art. 2 II, Rn. 14 f.; wohl auch Fahl, JR 2004, S. 182, 184; Höfling, in: Sachs, Art. 1 Rn. 60; Jahn, KritV 2004, S. 24, 47 ff.; Kunig, in: von Münch/Kunig, Art. 1, Rn. 4 f.; Kinzig, ZStW 2003, S. 791, 813; Saliger, ZStW 2004, S. 35, 46; Stemmler, Neminem-laedere-Gebot, S. 214 - 217; Wagenländer, Rettungsfolter, S. 153; Wittreck, in; Gehl, S. 37, 46; Ziegler, KritV 2004, S. 50, 57.

[163] Kloepfer, in: Festgabe BVerfG, S. 405, 412; Herdegen, in: Maunz/Dürig, Art. 1, Rn. 22; Götz, NJW 2005, S. 953, 954.

Indem er auf den Menschenwürdegehalt des Art. 2 II GG hinweist, knüpft er das Leben des Opfers an die Menschenwürde des Opfers. Er stellt somit das Opfer und den Täter auf dieselbe Ebene. Die gezeigte Fragestellung wird also in die Aussage „Würde des Opfers gegen Würde des Täters" modifiziert.[165]

Einen anderen Ansatz verfolgt der Jesuitenpater und Rechtsphilosoph *Brieskorn*. Er unternimmt den Versuch, das Verbot der Folter zu unterlaufen. Zum einen soll dies mit der „Etablierung minderer Begriffe" geschehen, zum anderen durch neue räumliche und zeitliche „Ab- und Eingrenzungen".[166]

Die GK des Gerichtshofs hat mit ihrem Urteil vom 01.06.2010 aber keineswegs nur die innerstaatliche Durchsetzung des Verbots der Folter begutachtet, sondern hat sich auch intensiv mit Details des von den innerstaatlichen Gerichten angewendeten Straf-, Disziplinar- und Amtshaftungsrechts beschäftigt. Fraglich ist hierbei, ob der EGMR mit diesem Urteil nicht von seiner eigentlichen Zielsetzung abweicht, welche daraus besteht, die Befolgung des Art. 3 in den Mitgliedstaaten sicherzustellen.[167]

Schon allein die wenigen hier aufgezählten Argumente und Reaktionen veranschaulichen deutlich, wie umfassend die um die Rettungsfolter geführte Auseinandersetzung ist. Im Hinblick auf die Fragestellung im Titel dieser Arbeit ist vor allem auszuweisen, dass in vielen von den verschiedenen wiedergegebenen Ansichtspunkten immer wieder unumgänglich auf die Absolutheit des europäischen Verbots der Folter zurückgekommen wird.[168]

Anders als im Fall „Jalloh" sind diese Diskussionen zwar nicht direkt an das Urteil des EGMR gehaftet. Trotzdem ist die EMRK sowie die Rechtsprechung und Auslegung des EGMR zu Art. 3 immer „in den Hinterköpfen" der Beteiligten. Die EMRK wird als existenzieller Bestandteil des Völkerrechts wahrgenommen und beachtet. Nach dem Urteilsspruch vom 01.06.2010 ist also mit

---

[164] Vgl. Jahn, KritV 2004, S. 24, 47; ders. Das Strafrecht des Notstandes, S. 547.
[165] Hierzu auch: Brugger, APuZ 2006, S. 9, 14; Wittreck, DÖV 2003, S. 873, 874 ff.; Birnbacher, in: Lenzen, S. 135, 142; Trapp, Folter oder Rettungsbefragung, S. 167; Steinhoff, in: Lenzen, S. 173, 185; zurückhaltend zustimmend auch Dreier, Grundgesetz-Kommentar, Art. 1, Rn. 133.
[166] Brieskorn, in: Beestermöller/Brunkhorst, S. 45 ff.
[167] Vgl. Grabenwarter, NJW 2010, S. 3128, 3129.
[168] Für alle: Guckelberger, Zulässigkeit von Polizeifolter, S. 26.

einer neuen Runde in der Debatte um die Relativierung des Folterverbots zu rechnen.

4.4 Einschub 2: Die Urteile des EGMR - Wirksame Grenze des staatlichen Umgangs mit Festgenommenen in Polizeiverhören?

Anhand der beiden aufgezeigten Fälle wird deutlich, dass die Urteile unterschiedliche Wirkungen haben können. Die in Deutschland geführten Diskussionen wurden in beiden Fällen wesentlich vom Urteil des EGMR beeinflusst. Insoweit sind die Urteile auch dazu geeignet, das Stimmungsbild in Gesellschaften zu prägen und in gewisser Weise zu lenken. Im Fall „Gäfgen" hat der EGMR gezeigt, dass an der Absolutheit des Folterverbots auch nicht durch Auslegungen des Grundgesetzes oder anderer innerstaatlicher Gesetze zugunsten der Rettungsfolter gewackelt werden kann.

Aus Sicht der Personen in Polizeiverhören haben die Urteile auch direkte Auswirkungen. Nach dem Urteil „Jalloh" wurde der unfreiwillige Einsatz von Brechmitteln aus der Praxis der deutschen Strafverfolgungsbehörden verbannt und auch durch die Rechtsprechung des BGH geächtet. Mutmaßliche Drogendealer müssen sich also nicht mehr vor dieser Methode fürchten. Der Fall „Gäfgen" hat bewirkt, dass nach dem Urteil jedem Polizeibeamten klar ist, dass Handlungen, die in den Schutzbereich des Art. 3 fallen in *keiner* denkbaren Situation legitim sind. Auch wenn das Leben eines Opfers in Gefahr ist, darf nicht abgewogen werden. Wie sich der einzelne Polizeibeamte in Zukunft in vergleichbaren Situationen verhalten wird, wird sich erst zeigen.

Somit ist bewiesen, dass die beiden Urteile dazu beigetragen, die Bedingungen in Deutschland im Umgang mit Personen in Polizeiverhören zu verbessern.

5 Umgang mit Inhaftierten in deutschen Haftanstalten

5.1 Allgemeines zur Behandlung Inhaftierter

Nachdem im vorigen Kapitel die Fallgruppe der Personen in Polizeiverhören im Fokus stand, wird in diesem Abschnitt der Arbeit die Behandlung Inhaftierter in Untersuchungs- und Strafhaft beleuchtet. Dieser Personengruppe kommt eine besondere Schutzpflicht zu, da sie aufgrund der Umstände sehr verwundbar sind.

Entscheidend sind hier vor allem die Haftbedingungen in den Einrichtungen. Die Beurteilung der Haftbedingungen durch den EGMR erfolgt subjektiv im Einzelfall.[169] Im Allgemeinen müssen beim Vollzug einer Freiheitsstrafe solche Bedingungen vorliegen, durch welche die Menschenwürde der Häftlinge gewahrt wird.[170] Der Gerichtshof hat anerkannt, dass eine gegen Häftlinge gerichtete Gewaltanwendung unter Umständen gerechtfertigt sein kann. Diese Umstände dürfen aber keinesfalls bewusst durch die Behörden herbeigeführt sein.[171] Wenn die Gewaltanwendung über die Grenze des unvermeidbaren hinausgeht, verletzt sie Art. 3.[172] Darunter können bspw. Schläge und andere Misshandlungen oder aber auch unmenschliche Verhörmethoden fallen. Die Haftbedingungen verletzen Art. 3, wenn sie erhebliches psychisches oder physisches Leid oder Gefühle von Demütigung und Erniedrigung verursachen.[173] Eine Erniedrigungsabsicht des Staates muss aber nicht zwingend vorliegen.[174] Hinsichtlich der Belegung der Zellen hat der EGMR vier Quadratmeter je Gefangenen als angemessen angesehen.[175] Außerdem müssen

---

[169] Hierzu: Meyer-Ladewig, EMRK, Art .3, Rn. 12.
[170] EGMR; Kudła, Z. 92; EGMR, Kalashnikov, Z. 95; EGMR, Poltoratskiy, Z. 132.
[171] EGMR, Chamaiev, Z. 102.
[172] EGMR, Kudła, Z. 92.
[173] EGMR, Kalashnikov, Z. 303.
[174] Ibid., Z. 97 ff.; hierzu: Pabel, in: Menzel/Pierlings/Hoffmann, S. 516 ff.
[175] EGMR, Ostrovar, Z. 82.

auch eine ausreichende Belüftung sowie eine entsprechende Beleuchtung gewährleistet sein.[176]

Die Haftbedingungen dürfen beim Inhaftierten zu keiner grundlegenden Beeinträchtigung der Gesundheit führen.[177] Diesem kann durch eine ausreichende medizinische Versorgung entgegengewirkt werden.[178] Hierbei muss bei dem Gefangenen der Wille zum Mitwirken vorhanden sein.[179] Allerdings kann diese medizinische Gewährleistungspflicht der Staaten auch aus einer zwangsweisen medizinischen Behandlung bestehen. Die Notwendigkeit einer solchen Behandlung muss von den Behörden überzeugend nachgewiesen werden.[180]

Angesichts der schwierigen Beweissituation erfolgt bei Inhaftierten eine Umkehr der Beweislast bzw. eine Beweiserleichterung. Ist der Betroffene inhaftiert, so muss er bei einem behaupteten Verstoß gegen Art. 3 zunächst nur die entstandenen Verletzungen belegen (bspw. durch ein ärztliches Attest). Die innerstaatlichen Behörden müssen daraufhin schlüssig erklären, dass die Verletzungen bspw. schon bei Haftantritt vorlagen, durch Selbstverletzung entstanden sind oder im Gefängnisalltag entstanden sein können.[181] Grundsätzlich gilt: Ist der gesundheitliche Zustand eines Inhaftierten bei seiner Entlassung wesentlich schlechter als beim Haftantritt, so hat die Behörde dafür überzeugende Gründe vorzulegen.[182]

Seitdem der CPT im Jahre 1989 seine Arbeit aufgenommen hat, trägt dieser einen bedeutungsvollen Teil zur Verbesserung und Überwachung der Haftbedingungen in europäischen Haftanstalten bei. Den präventiven Besuchen des Ausschusses und den daraus folgenden Berichten[183] kommt eine hohe praktische Bedeutung zu, da die europäischen Standards teilweise über sie definiert

---

[176] EGMR, Peers, Z. 70-72; EGMR, Kalashnikov, Z. 97.
[177] EGMR, Dougoz, Z. 45 ff.; EGMR, Keenan, Z. 110; EGMR, Peers, Z. 75; EGMR, Poltoratsky, Z. 132.
[178] EGMR, Paladi, Z. 75; EGMR, McGlinchey u.a., Z. 57; EGMR, Mouisel, Z. 47 f., (in diesen Rechtssachen hat der EGMR den Behörden keine ausreichende medizinische Versorgung attestiert).
[179] Vgl. Villiger, EMRK, Rn. 291; Grabenwarter, EMRK, § 20, Rn. 32.
[180] EGMR, Gennadiy Naumenko, Z. 112; hierzu: Meyer-Ladewig, EMRK, Art. 3, Rn. 14a.
[181] Bspw.: EGMR, Tomasi, Z. 115; hierzu: Cassese, in: Macdonald/Matscher/Petzold, S. 251; Villiger, in: Thürer, S. 71.
[182] EGMR, Selmouni, Z. 56.
[183] Kriebaum, Folterprävention in Europa, S. 98 ff.

werden. Auch in die Rechtsprechung des EGMR finden die Berichte des CPT mit steigender Tendenz Einfluss.[184]

In der deutschen Rechtsprechung kann Art. 3 auch einen Prüfungsmaßstab darstellen. So wurde entschieden, dass Haftbedingungen, die gegen Art. 3, verstoßen ebenfalls die Menschenwürde verletzen.

Im nachfolgenden Kapitel werden die Inhalte des ECPT sowie die Aufgaben und die Funktionsweise des CPT näher betrachtet. Der Schwerpunkt soll hierbei bei den vorliegenden Berichten über Deutschland liegen.

---

[184] Bspw.: EGMR, Alver, Z. 38 ff.; EGMR, Tekin Yildiz, Z. 50 ff.; EGMR, Dougoz, Z. 46; EGMR, Peers, Z. 72 ff.; EGMR, Dankewich, Z. 141.

5.2 Das Europäische Übereinkommen zur Verhütung von Folter und unmenschlicher oder erniedrigender Behandlung oder Strafe (EPCT) und der Europäische Ausschuss zur Verhütung von Folter und unmenschlicher oder erniedrigender Behandlung oder Strafe (CPT)

Mit dem ECPT und dem CPT wird an der letzter Stelle dieser Arbeit eine mittelbare Wirkungsweise des Art. 3 eruiert. Auch wenn das ECPT nicht direkt in die EMRK einfließt, spielt es mittlerweile bei der Bekämpfung und Vermeidung von Verletzungen des Art. 3 in Haftanstalten eine wichtige Rolle. Das ECPT stellt ein Abkommen des Europarates dar, welches aktuell auch von allen 47 Mitgliedsstaaten ratifiziert ist.[185] Zweck des Übereinkommens ist die Verhinderung und Verhütung von Folter. Mit der Verabschiedung des ECPT wurde die Errichtung des CPT beschlossen und auch die Verfahrensregeln für diesen Ausschuss festgelegt. Der Ausschuss hat sich die Sicherstellung der Einhaltung des Art. 3 zugeschrieben und steht daher in indirektem Zusammenhang mit dem europäischen Verbot der Folter. Da die EMRK nicht direkt auf das ECPT und den CPT verweist oder diese auch nur erwähnt, soll hier nur kurz auf die Vorgehensweise und die Standards des CPT sowie auf die Beziehung zwischen EGMR und CPT eingegangen werden.

Aufgebaut wurde mit dem CPT ein Präventionsmechanismus, der sich auf Besuche in Hafteinrichtungen der Mitgliedsstaaten stützt. Die Besuche erfolgen in regelmäßigen Abständen als „periodische Besuche" oder als „Ad-hoc-Besuche". Nachdem die Delegation des CPT den Besuch im jeweiligen Staat angekündigt hat, ist ihr unbeschränkter Zutritt zu den Einrichtungen zu gewähren. Während der Besuche werden bspw. Zeugen befragt oder Haftbedingungen geprüft. Grund für einen Besuch können Informationen von lokalen NGO oder Berichte internationaler Medien sein. Zentraler Bestandteil der Arbeit ist auch das Berichtswesen. Nach jedem Besuch erstellt der CPT einen detaillierten Bericht und übermittelt diesen an den betroffenen Staat. Inhalt dieser

---

[185] Abrufbar unter:
http://conventions.coe.int/Treaty/Commun/ChercheSig.asp?NT=126&CM=1&DF=3/12/2008&CL=GER (Stand: 14.08.2011).

Berichte sind neben den festgestellten Tatsachen auch Empfehlungen zum weiteren Vorgehen oder weitere Auskunftsersuche. Nach Zugang und Prüfung des Berichtes durch den Empfänger, sind die Staaten verpflichtet, dem CPT eine ausführliche Stellungnahme als Antwort zu übersenden. So wird durch die Besuche und das Berichtswesen der ständige Dialog mit den Staaten gesichert. Über die Veröffentlichung der Berichte und Antworten entscheidet der betroffene Staat. Falls das Verhalten eines Staates als nicht kooperativ erscheint, kann der CPT hierzu eine sog. „Öffentliche Erklärung" kundtun. Außerdem erscheint alljährlich ein „Allgemeiner Bericht" über die Aktivitäten des CPT.[186]

Das CPT ist klar vom EGMR und der EKMR abzugrenzen. So wurde vom Ausschuss schon 1991 geklärt, dass „sich Kommission und Gerichtshof um eine „Konfliktlösung" auf rechtlicher Ebene bemühen, die Tätigkeiten des CPT auf Konfliktvermeidung auf praktischer Ebene abzielen. (…) Es ist nicht Aufgabe des CPT, öffentlich Staaten zu kritisieren (…)." Im Gegensatz zum EGMR sind die ausgesprochenen Empfehlungen des CPT für die Staaten nicht verbindlich, da sie nicht justiziell wirken.[187]

Der CPT ist nicht an Art. 3 gebunden, dieser stellt in der Arbeit des Ausschusses lediglich einen allgemeinen internationalen Standard dar, der beachtet werden soll.[188] Das „Fallrecht des EGMR (…) zu Artikel 3 [bildet] eine Leitlinie für den Ausschuss", welcher aber „nicht versuchen [sollte], Einfluss auf die Auslegung und Anwendung von Art. 3 zu nehmen."[189] Dies bedeutet, dass der CPT Art. 3 auch in einer Weise anwenden kann, welche nicht unbedingt der Rechtsprechung und Vorstellung des EGMR entspricht. Auch bei der Verwendung der Begriffe „Folter", „unmenschlich" oder „erniedrigend" verwendet der CPT eine andere Terminologie als der EGMR. So wird der Begriff „Folter" fast nur für körperliche Misshandlungen, die von Polizisten verursacht wurden,

---

[186] Zu den Besuchen und Berichten des CPT: Morgan/Evans, Bekämpfung der Folter in Europa, Kap. 2, S. 25 ff..
[187] Erster Tätigkeitsbericht des CPT, Z. 2 f., abrufbar unter: http://www.cpt.coe.int/en/annual/rep-01.htm#I (Stand: 18.08.2011).
[188] Erläuternder Bericht, Z. 26.
[189] Ibid., Z. 27.

verwendet.[190] Jedoch ist man bemüht, die Schlüsselbegriffe in Einklang mit dem EGMR zu verwenden.

Die Beziehungen zwischen EGMR und CPT entfaltet in vielen Fällen eine wechselseitige Wirkung. Die Entscheidungen des EGMR dienen dem CPT bei seiner Ausrichtung und Orientierung und beeinflussen maßgeblich die Fortentwicklung seiner Standards.[191] Die daraus resultierenden Berichte des CPT können Feststellungen enthalten, welche auf eine Verletzung des Art. 3 hindeuten. Dies kann dazu führen, dass die mutmaßlichen Opfer den Beschwerdegang vor den EGMR beschreiten. Diese Verfahren können dann wiederum Inhalte der CPT-Berichte enthalten. Wie bereits erwähnt, finden die Berichte auch vermehrt Einfluss in die Rechtsprechung des EGMR.[192] In einem konkreten Fall hat der EGMR bspw. die Kriterien des CPT bei Gefangenentransporten übernommen.[193] Gegenteilig hat sich der EGMR jedoch auch schon von Einschätzungen des CPT distanziert.[194]

Deutschland wurde bereits sechs Mal von einer Delegation des CPT besucht. Die Besuche fanden 1991, 1996, 1998, 2000, 2005 und zuletzt zum Jahresende 2010 statt.[195]

Da der Bericht des letzten Besuchs voraussichtlich erst Ende 2011 erscheint, wird kurz auf den somit letzten Bericht der Besuche in 2005 eingegangen.[196] In diesem kritisiert die Delegation die deutschen Behörden dahingehend, dass langjährige Forderungen früherer Berichte noch nicht umgesetzt worden sind.

Positiv festzustellen ist, dass das CPT in den besuchten Einrichtungen keinen einzigen Fall von Misshandlung Gefangener festgestellt hat. Allerdings wurde

---

[190] Morgan/Evans, Bekämpfung der Folter in Europa, S. 55.
[191] Bspw.: EGMR, Selmouni, Z. 101.
[192] Sh. Oben FN 158.
[193] EGMR, Khoudoyorov, Z. 117-119.
[194] EGMR, Aerts; EGMR, Peers.
[195] Außer dem Ad-hoc-Besuch 1998 fanden alle Besuche im Rahmen des regelmäßigen Programms statt. Die Berichte sowie die Antworten der deutschen Behörden wurden unter folgenden Aktenzeichen veröffentlicht: CPT/Inf (93) 13 und CPT/Inf (93) 14; CPT/Inf (97) 9 und CPT/Inf (97) 10; CPT/Inf (99) 10; CPT/Inf (2003) 20 und CPT/Inf (2003) 21; CPT/Inf (2007) 18 und CPT/Inf (2007) 19.
[196] Bericht (CPT/Inf (2007) 18 abrufbar unter: http://www.cpt.coe.int/documents/deu/2007-18-inf-deu.pdf (Stand: 15.08.2011).

die Anwendung von exzessiver Gewalt bei Festnahmen durch die Polizei gerügt. So gab das CPT auch eine Empfehlung ab, in der die deutschen Behörden dazu aufgefordert werden, allen Polizeibeamten deutlich zu machen, dass jede Form von Misshandlung oder verbaler Beschimpfung unakzeptabel ist.[197] In der Stellungnahme der Bundesregierung wurde daraufhin mitgeteilt, dass dem durch Schulungen und spezielle Polizeitrainings entgegengewirkt wird. Außerdem würden festgestellte Misshandlungen straf- und disziplinarrechtlich verfolgt.[198]

Weiter wurden u.a. die gesetzlichen Voraussetzungen zur Abschiebehaft[199] oder die unzureichende medizinische Versorgung[200] kritisiert.

Nach dem Besuch im Jahr 2010 teilte der Ausschuss in einem ersten Statement vom 13.12.2010[201] mit, dass vor allem eine Überprüfung des Umsetzungsstandes von Empfehlungen früherer Besuche stattgefunden habe. Besonderes Augenmerk habe wiederum den Schutzvorkehrungen gegen Misshandlungen gegolten.

5.3 Einschub 3: Artikel 3 und das CPT - Wirksame Grenze des staatlichen Umgangs mit Inhaftierten?

Die Auswirkungen des Art. 3 auf Personen, denen die Freiheit entzogen wurde, hängen sehr stark vom Zusammenspiel zwischen EGMR und CPT ab. Die Urteile des EGMR wirken verbindlich und können Missstände in Einzelfällen beseitigen oder entschädigen. Die Urteile sind also wie oben schon aufgezeigt dazu geeignet, die Haftbedingungen zu verbessern.

Durch die präventive Unterstützung des CPT ist in Europa eine funktionierende Partnerschaft geschaffen worden. Zwar ist das Ansehen des CPT nicht mit dem des EGMR zu vergleichen, doch hat sich das Berichtssystem als ein

---

[197] CPT/Inf (2007) 18, Rn. 14.
[198] CPT/Inf (2007) 19, S. 7 f., abrufbar unter: http://www.cpt.coe.int/documents/deu/2007-19-inf-deu.pdf (Stand: 18.08.2011).
[199] CPT/Inf (2007) 18, Rn. 44.
[200] CPT/Inf (2007) 18, Rn. 134-137.
[201] Abrufbar unter: http://www.cpt.coe.int/documents/deu/2010-12-13-eng.htm (Stand: 21.08.2011).

förderliches Instrument erwiesen. Jeder Staat will vermeiden, dass die Berichte Fakten beinhalten, welche seine Behörden stark belasten und somit indirekt auch eine Verletzung des Art. 3 bedeuten können. Ein weiterer Vorteil des CPT ist, dass sich die in den Berichten festgestellten Opfer mit den von der Delegation festgestellten Beweisen an den EGMR wenden können.

Der EGMR und das CPT stellen somit einen wirksamen Schutzmechanismus im staatlichen Umgang mit Inhaftierten dar, welcher aber sicher noch ausgebaut werden kann. Ziel sollte hier ein einheitlicher europäischer Standard sein, in welchen sowohl die Rechtsprechung des EGMR als auch die Berichte des CPT einfließen sollten.

6 Schlusswort

In der vorliegenden Arbeit wurden die Auswirkungen des Art. 3 auf innerstaatliches Handeln nun von verschiedenen Seiten beleuchtet. Es wurde festgestellt, dass Urteile des EGMR in Einzelfällen dazu geeignet sein können, die Behandlung von Personen in Polizeiverhören zu verbessern. Auch können durch sie Standards in europäischen Hafteinrichtungen mit definiert werden.

Aus der aufgezeigten Diskussion wird aber schnell klar, dass die Absolutheit des Art. 3 in manchen Fällen zu einem Dilemma für die Beteiligten werden kann. Überlegungen, welche eine Relativierung des Verbots fordern, sind also durchaus nachvollziehbar. Doch ist es eben gerade die absolute Charakteristik, die dem Art. 3 den Stellenwert gibt, den er innehat: Er stellt einen bedingungslosen Schutz vor Folter und ähnlichen Handlungen dar. Die vollständige Verbannung der Folter aus den europäischen Rechtsaaten kann nur mit und durch Art. 3 geschehen. Und dieser fällt oder steht mit seiner Absolutheit.

Anhand eines Szenarios soll gezeigt werden, dass die Relativierung des Folterverbots schon an der praktischen Umsetzung scheitern würde: Es sei also angenommen, dass die Strafverfolgungsbehörden ausnahmsweise foltern dürfen. Wie könnte dies aussehen? In den Polizeistationen werden spezielle „Folterkammern" eingerichtet; diese sollen möglichst verborgen liegen und außerdem schalldicht ausgebaut werden. Die Räumlichkeiten werden mit Instrumenten und chemischen Substanzen ausgestattet, mit denen die Handlungen durchgeführt werden. Da die Handlungen neben den Polizisten auch von Polizeiärzten und -psychologen verfolgt und dokumentiert werden sollen, müssen diese geschult werden. Hierzu werden spezielle Lehrgänge durchgeführt und ein „Leitfaden Rettungsfolter" entworfen. Dieser soll den Beamten die Arbeit erleichtern. Das Maß an Folter, welches angewendet werden soll, wird durch die drohende Gefahr definiert. Je mehr Menschen durch den mutmaßlichen Täter in Gefahr sind, desto grausamer werden die Methoden.

Diese überspitzen Abhandlungen könnte man so weiterführen. Die rechtmäßige Folter müsste schließlich „System" haben um in der Praxis Anwendung zu finden. Solch ein System ist aber in einem Rechtstaat wie Deutschland nur sehr schwer vorstellbar. Das Vertrauen in den Staat würde darunter erheblich leiden und auch die Missbrauchsgefahr durch falsche Einschätzungen einzelner Beamter wäre zu hoch. Mag die Absolutheit des Folterverbots in Einzelfällen auch zu moralischem Unbehagen führen - sie muss aufrechterhalten werden.

Die Arbeit hat also aufgezeigt, dass eine erfolgreiche Fortführung des 60 jährigen Bestehens an gewissen Bedingungen geknüpft ist:

1. *Die Qualität der Entscheidungen des EGMR darf nicht unter der enormen Arbeitslast leiden.* Für die Zukunft müssen Reformen geeignete Abläufe zur Abhilfe dieser Problematik schaffen.

2. *Die einzelfallbezogenen Entscheidungen des EGMR sollten dafür geeignet sein, die gerügte Konventionsverletzung auch in Zukunft sowie in Parallelfällen zu verhindern.* Die Entscheidung sollte also nicht zu sehr auf den konkreten Fall fokussiert sein. Rückschlüsse auf ähnliche Fälle sollten möglich sein.

3. *Der Grundsatz der völkerrechtsfreundlichen Auslegung muss von den nationalen Gerichten gewahrt werden.* Die EMRK und die Entscheidungen des EGMR müssen auch weiterhin Einfluss auf die innerstaatliche Rechtsprechung finden.

4. *Das Verbot der Folter in Art. 3 muss seinen absoluten Charakter beibehalten.* Denn auch im „Worst-Case-Szenario" gilt: Der Zweck heiligt eben nicht die Mittel.

5. *Der EGMR muss die dynamische Auslegung der Begriffe aus Art. 3 weiter in seinen Urteilen und Entscheidungen berücksichtigen.* So kann die EMRK die Fortentwicklung der Menschenrechte im Bereich des Schutzes vor Folter aktiv mitgestalten und sichern.

6. *Die Kooperation von EGMR und CPT muss weitergeführt und vorangetrieben werden.* Ziel sollte ein Leitfaden für den Umgang mit Personen, denen die Freiheit entzogen ist, sein. Dieser müsste in den europäischen Haftanstalten einheitlich zur Anwendung kommen und so verfasst sein, dass sich sowohl EGMR als auch CPT auf ihn berufen können.

Anhand der Ausführungen ist letztlich am Ende dieser Arbeit festzustellen: Die EMRK und Art. 3 sind seit ihrem bisherigen Bestehen eine *wirksame Grenze des staatlichen Umgangs mit Festgenommenen und Inhaftierten.* Doch wie in den Thesen aufgezeigt, stellt das Wirken der EMRK und des EGMR einen laufenden Prozess dar, welcher sich immer wieder neuen Anforderungen gegenüber sieht. Die Zukunft wird zeigen, ob die EMRK und der EMRK diesen Anforderungen erfolgreich gegenübertreten werden.

Literaturverzeichnis

1. Aufsätze aus Sammelwerken

Autor	Titel, veröffentlicht in, Zitierweise:
Ash, Timothy Garton	Atomschlag auf das Herz Paris, Die Welt, 09.03.2004 (Ash, Die Welt, 09.03.2004).
Birkholz, Michael u.a	Exkorporation von Betäubungsmitteln, Kriminalistik 1997, S. 277, 281 (Birkholz u.a., Kriminalistik 1997).
Birnbacher, Dieter	Ethisch ja, rechtlich nein - ein fauler Kompromiss? Ein Kommentar zu R. Trapp, in: Lenzen, Ist Folter erlaubt?, Paderborn 2006, S. 135 (Birnbacher, in: Lenzen).
Brieskorn, Norbert	Folter, in: Beestermöller/Brunkhorst, Rückkehr der Folter, Der Rechtstaat im Zwielicht?, München 2006, S. 45 (Brieskorn, in: Beestermöller, Brunkhorst).
Brugger, Winfried	Würde gegen Würde, VBlBW 1995, S. 414 (Brugger, VBlBW 1995).
Brugger, Winfried	Das andere Auge. Folter als zweitschlechteste Lösung, in: Nitschke, (Hrsg.), Rettungsfolter im modernen Rechtsstaat? Eine Verortung, Bochum 2005, S. 107 (Brugger, in: Nitschke).
Brugger, Winfried	Darf der Staat ausnahmsweise foltern?, Der Staat 1995, S. 67 (Brugger, Der Staat 1995).
Brugger, Winfried	Vom unbedingten Verbot der Folter zum bedingten Recht auf Folter?, JZ 2000, S. 165 (Brugger, JZ 2000).
Brugger, Winfried	Einschränkung des absoluten Folterverbots bei Rettungsfolter?, APuZ 2006, S. 9 (Brugger, APuZ 2006).

Binder, Detlef / Seemann, Ralf	Die zwangsweise Verabreichung von Brechmitteln zur Beweissicherung, NStZ 2002, S. 234 (Binder/Seemann, NStZ 2002).
Cassese, Antonio	Prohibition of torture and inhuman or degrading treatment or punishment, in: Macdonald/Matscher/Petzold (Hrsg.),The European system for the protection of human rights, London u.a. 1993 (Cassese, in: Macdonald/Matscher/Petzold).
Eidam, Lutz	Anmerkung zum Urteil des BGH vom 29.04.2010 - 5 StR 18/10 (LG Bremen), NJW 2010, S. 2595 (Eidam, NJW 2010).
Erb, Volker	Nothilfe durch Folter, Jura 2005, S. 24 (Erb, Jura 2005).
Erb, Volker	Stellungnahme zum Fall Daschner, Online-Publikation, Mainz 2004, abrufbar unter *http://www.jura.uni-mainz.de/erb/Dateien/ Daschner-Stellungnahme.pdf*, zuletzt eingesehen am 31.08.2011 (Erb, Fall Daschner).
Fahl, Christian	Angewandte Rechtsphilosophie - „Darf der Staat ausnahmsweise foltern?", JR 2004, S. 182 (Fahl, JR 2004).
Frowein, Jochen / Villiger, Mark Eugen	Constitutional Jurisdiction in the Context of State Powers, HRLJ 1988, S. 23 (Frowein/Villiger, HRLJ 1988).
Gaede, Karsten	Die Fragilität des Folterverbots - Präventiv begründete Ausnahmen des Folterverbots zur Herstellung absoluter Sicherheit?, in: Camprubi (Hrsg.), Angst und Streben nach Sicherheit in Gesetzgebung und Praxis, 2004, S. 155 (Gaede, in: Camprubi).
Gaede, Karsten	Deutscher Brechmitteleinsatz menschenrechtswidrig: Begründungsgang und Konsequenzen der Grundsatzentscheidung des EGMR im Fall Jalloh, HRRS 2006, S. 241 (Gaede, HRRS 2006).
Götz, Heinrich	Das Urteil gegen Daschner im Lichte der Werteordnung des Grundgesetzes, NJW 2005, S. 953 (Götz, NJW 2005).

Grabenwarter, Christoph	Androhung von Folter und faires Strafverfahren - Das (vorläufig) letzte Wort aus Straßburg, NJW 2010, S. 3128 (Grabenwarter, NJW 2010).
Günther, Klaus	Darf der Staat foltern, um Menschenleben zu retten?; in: Beestermöller/Brunkhorst, Rückkehr der Folter, Der Rechtstaat im Zwielicht?, München 2006, S.101 (Günther, in: Beestermöller, Brunkhorst).
Hamm, Rainer	Schluss der Debatte über Ausnahmen vom Folterverbot!, NJW 2003, S. 946 (Hamm, NJW 2003).
Haurand, Günter / Vahle, Jürgen	Rechtliche Aspekte der Gefahrenabwehr in Entführungsfällen, NVwZ 2003, S. 513 (Haurand/Vahle, NVwZ 2003).
Heintschel von Heinegg, Wolff	in: Ipsen (Hrsg.), Völkerrecht, Kurz-Lehrbuch, 5. Aufl., München 2004 (Heintschel von Heinegg, in: Ipsen).
Hilgendorf, Eric	Folter im Rechtsstaat?, JZ 2004, S. 331 (Hilgendorf, JZ 2004).
Jahn, Matthias	Gute Folter - schlechte Folter?, KritV 2004, S. 24 (Jahn, KritV 2004).
Jerouschek, Günther / Kölbel, Ralf	Folter von Staats wegen?, JZ 2003, S. 613 (Jerouschek/Kölbel, JZ 2003).
Jeßberger, Florian	Wenn Du nicht redest, füge ich Dir große Schmerzen zu, Übungsklausur Strafrecht „Fall Gäfgen/Daschner", JURA 2003, S. 711 (Jeßberger, JURA 2003).
Kinzig, Jörg	Not kennt kein Gebot?, ZStW 2003, S. 791 (Kinzig, ZStW 2003).
Kirchhof, Paul	Die Zulässigkeit der Einsatzes staatlicher Gewalt in Ausnahmesituationen, in: Deutsche Sektion der Internationalen Juristen-Kommission (Hrsg.), Heidelberg 1976, S. 83 (Kirchhof, in: Deutsche Sektion der Internationalen Juristen-Kommission).

Kloepfer, Michael	Grundrechtstatbestand und Grundrechtsschranken in der Rechtsprechung des Bundesverfassungsgerichts - dargestellt am Beispiel der Menschenwürde, in: Starck, Bundesverfassungsgericht und Grundgesetz, Festgabe aus Anlass des 25-jährigen Bestehens des Bundesverfassungsgerichts, Tübingen 1976, Band 2, S. 405 (Kloepfer, in: Festgabe BVerfG).
Merten, Jan	Folterverbot und Grundrechtsdogmatik, JR 2003, S. 404 (Merten, JR 2003).
Meyer-Ladewig, Jens	Menschenwürde und Europäische Menschenrechtskonvention, NJW 2004, S. 981 (Meyer-Ladewig, NJW 2004).
Miehe, Olaf	Nochmals: Die Debatte über Ausnahmen vom Folterverbot, NJW 2003, S. 1219 (Miehe, NJW 2003).
Mitsch, Wolfgang	Strafrechtsschutz gegen gewaltsame Verhinderung eines Mordes?, Die Polizei 2004, S. 254 (Mitsch, Die Polizei 2004).
Pabel, Katharina	Europäischer Grundrechtsstandard in Russland?, in: Menzel/Pierlings/Hoffmann (Hrsg.), Völkerrechtsprechung, Tübingen 2004, S. 516 (Pabel, in: Menzel/Pierlings/Hoffmann).
Payandeh, Mehrdad	Konventionswidrige Gesetze vor deutschen Gerichten, DÖV 2011, S. 382 (Payandeh, DÖV 2011, 382).
Ress, Georg	Wirkung und Beachtung der Urteile und Entscheidungen der Straßburger Konventionsorgane, EuGRZ 1996, S. 350 (Ress, EuGRZ 1996).
Saliger, Frank	Absolutes im Strafprozess? Über das Folterverbot, seine Verletzung und die Folgen seiner Verletzung, ZStW 2004, S. 35 (Saliger, ZStW 2004).
Schaefer, Hans Christoph	Effektivität und Rechtstaatlichkeit der Strafverfolgung - Versuch einer Grenzziehung, NJW 1997, S. 2437 (Schaefer, NJW 1997).
Schaefer, Hans Christoph	Freibrief, NJW 2003, S. 947 (Schaefer, NJW 2003).

Schuhr, Jan	Brechmitteleinsatz als unmenschliche und erniedrigende Behandlung, NJW 2006, S. 3538 (Schuhr, NJW 2006).
Simma, Bruno	Self-Contained Regimes, in: Netherlands Yearbook of International Law 16, 1985, Z. 111 ff. (Simma, NYIL 1985).
Steinhoff, Uwe	Warum Foltern manchmal moralisch erlaubt, ihre Institutionalisierung durch Folterbefehle aber moralisch unzulässig ist, in: Lenzen, Ist Folter erlaubt?, Paderborn 2006, S. 173 (Schuhr, NJW 2006).
Stempel, Carsten / Heinken, Kevin	Der Fall des Monats: Brechsirup-Fall, famos 03/2011 (Stempel/Heinken, famos 03/2011).
Trechsel, Stefan	Inflation im Bereich der Menschenrechte?, ZEUS 1998, S. 371 (Trechsel, ZEUS 1998).
Villiger, Mark Eugen	Neuere Entwicklungen in der Rechtsprechung des Europäischen Gerichtshofs für Menschenrechte zu Artikel 3 EMRK, in: Thürer (Hrsg.), EMRK: Neuere Entwicklungen, Zürich 2005, S. 61 (Villiger, in: Thürer).
Wildhaber, Luzius	Erfahrungen mit der Europäischen Menschenrechtskonvention, ZSR 1979, S. 229 (Wildhaber, ZSR 1979).
Wittreck, Fabian	Menschenwürde und Folterverbot, DÖV 2003, S. 873 (Wittreck, DÖV 2003).
Wittreck, Fabian	Menschenwürde als Foltererlaubnis?, in: Gehl, Folter - Zulässiges Instrument im Strafrecht?, Ein internationaler Vergleich, Weimar 2005, S. 37 (Wittreck, in: Gehl).
Ziegler, Ole	Das Folterverbot in der polizeilichen Praxis, KritV 2004, S. 50 (Ziegler, KritV 2004).

2. Bücher

Autor:	Titel, Zitierweise:
Alleweldt, Ralf	Schutz vor Abschiebung bei drohender Folter oder unmenschlicher oder erniedrigender Behandlung oder Strafe, Heidelberg 1996 (Alleweldt, Abschiebung bei drohender Folter).
Bahar, Alexander	Auf dem Weg in ein neues Mittelalter? Folter im 21. Jahrhundert, München 2009 (Bahar, Folter).
Baldauf, Dieter	Die Folter - Eine deutsche Rechtsgeschichte, Köln 2004 (Baldauf, Folter).
Bernhardt, Rudolf	Die Auslegung völkerrechtlicher Verträge, insbesondere in der neueren Rechtsprechung internationaler Gerichte, Beiträge zum ausländischen öffentlichen Recht und Völkerrecht (Band 40), Köln 1963 (Bernhardt, Völkerrechtliche Verträge).
Bruha, Thomas / Steiger, Dominik	Das Folterverbot im Völkerrecht, Beiträge zur Friedensethik (Band 39), Stuttgart 2006 (Bruha/Steiger, Folterverbot im Völkerrecht).
Ehlers, Dirk	Europäische Grundrechte und Grundfreiheiten, de Gruyter Lehrbuch, 3. Aufl., Berlin 2009 (Ehlers, Europäische Grundrechte).
Frowein, Jochen / Peukert, Wolfgang	Europäische Menschenrechtskonvention, 2. Aufl., Kehl u.a. 1996 (Frowein/Peukert, EMRK).
Grabenwarter, Christoph	Europäische Menschenrechtskonvention, Kurz-Lehrbuch, 4. Aufl., München 2009 (Grabenwarter, EMRK).
Guckelberger, Annette	Zulässigkeit von Polizeifolter?, Speyerer Vorträge (Heft 73), Speyer 2003 (Guckelberger, Zulässigkeit von Polizeifolter).
Jahn, Matthias	Das Strafrecht des Notstandes, Juristische Abhandlungen Band 42, Frankfurt am Main 2004 (Jahn, Das Strafrecht des Notstandes).

Kriebaum, Ursula	Folterprävention in Europa, in: Nowak/Tretter, Die Europäische Konvention zur Verhütung von Folter und unmenschlicher oder erniedrigender Behandlung oder Bestrafung (Band 3), Österreich 2000 (Kriebaum, Folterprävention in Europa).
Lück, Simon Alexander	Der Einsatz von Emetika bei Ingestion von Betäubungsmittelcontainern aus medizinischer und strafprozessualer Sicht, Dissertation, Berlin 2009 (Lück, Einsatz von Emetika).
Luhmann, Niklas	Gibt es in unserer Gesellschaft noch unverzichtbare Normen?, Heidelberger Universitätsreden (Band 4), Heidelberg 1993 (Luhmann, Gibt es in unserer Gesellschaft noch unverzichtbare Normen?).
Morgan, Rod / Evans, Malcolm	Bekämpfung der Folter in Europa, Die Tätigkeiten und Standards des Europäischen Ausschusses zur Verhütung von Folter, Berlin u.a. 2003 (Morgan/Evans, Bekämpfung der Folter in Europa).
Peters, Anne	Einführung in die Europäische Menschenrechtskonvention, Lehr- und Praxisbuch, 1. Aufl. München 2003 (Peters, EMRK).
Peters, Edward	Folter. Geschichte der peinlichen Befragung, 2. Aufl., Hamburg 2003 (Peters, Folter).
Polakiewicz, Jörg	Die Verpflichtungen der Staaten aus den Urteilen des Europäischen Gerichtshofs für Menschenrechte, Beiträge zum ausländischen öffentlichen Recht und Völkerrecht (Band 112), Berlin 1993 (Polakiewicz, Verpflichtungen aus Urteilen des EGMR).
Raess, Markus	Der Schutz vor Folter im Völkerrecht, Schweizer Studien zum internationalen Recht (Band 56), Zürich 1989 (Raess, Völkerrecht).

Schild, Wolfgang	Von peinlicher Frag. Die Folter als rechtliches Beweisverfahren, Schriftenreihe des Mittelalterlichen Kriminalmuseums Rothenburg ob der Tauber (Band 4), Rothenburg ob der Tauber 1999 (Schild, Peinliche Frag).
Schilling, Theodor	Internationaler Menschenrechtsschutz, Mohr Lehrbuch, 2. Aufl., Tübingen 2010 (Schilling, Menschenrechtsschutz).
Simon, Denys	L'interprétation judiciaire des traités d'organisations internationales: morphologie des conventions et fonction juridictionnelle, Paris 1981 (Simon, L'interprétation judiciaire des traités d'organisations internationales).
Stemmler, Thomas	Das „Neminem-laedere-Gebot", Europäische Hochschulschriften (Band 4195), Frankfurt am Main u.a. 2005 (Stemmler, Neminem-laedere-Gebot).
Trapp, Rainer	Folter oder selbstverschuldete Rettungsbefragung?, 1. Aufl., Paderborn 2006 (Trapp, Folter oder Rettungsbefragung?).
Villiger, Mark Eugen	Handbuch zur Europäischen Menschenrechtskonvention, 2. Aufl., Zürich 1999 (Villiger, EMRK).
Waadt, Steffen	Polizeilicher Todesschuss und sogenannte Rettungsfolter im Vergleich, Studienarbeit, Norderstedt 2011 (Waadt, Todesschuss und Rettungsfolter).
Wagenländer, Georg	Zur strafrechtlichen Beurteilung der Rettungsfolter, Schriften zum Strafrecht, Berlin 2006 (Wagenländer, Rettungsfolter).
Zagolla, Robert	Im Namen der Wahrheit - Folter in Deutschland vom Mittelalter bis heute, Berlin 2006 (Zagolla, Im Namen der Wahrheit).

3. Kommentare:

Autor:	Titel, veröffentlich in, Zitierweise:
Di Fabio, Udo	in: Maunz/Dürig, Grundgesetz, Kommentar, Stand: 61. Ergänzungslieferung 2011, § 2 II, Rn. 14 (Di Fabio, in: Maunz/Dürig).
Dreier, Horst	Grundgesetz, Kommentar, Band 1, Art. 1, Rn. 133, 2. Aufl., Tübingen 2006 (Dreier, Grundgesetz-Kommentar).
Grote, Rainer / Marauhn, Thilo	EMRK/GG, Konkordanzkommentar zum europäischen und deutschen Grundrechtsschutz, Tübingen 2006 (Grote/Marauhn, EMRK/GG).
Höfling, Wolfram	in: Sachs, Grundgesetz: GG, Kommentar, 6. Aufl., München 2011, Art. 1, Rn. 60 (Höfling, in: Sachs).
Kunig, Philip	in: von Münch/Kunig, Grundgesetz, Kommentar, Art. 1, Rn.4, Band ,(6. Aufl., München 2011, (Kunig, in: von Münch/Kunig).
Meyer-Ladewig, Jens	Europäische Menschenrechtskonvention, Handkommentar, 2. Aufl., Baden-Baden 2006 (Meyer-Ladewig, EMRK).
Meyer-Ladewig, Jens	in: Schoch/Schmidt-Aßmann/Pietzner, Verwaltungsgerichtsordnung, Kommentar, 20. Aufl., München 2010, § 153 (Meyer-Ladewig, in: Schoch/Schmidt-Aßmann/Pietzner).
Perron, Walter	in: Schönke/Schröder, Strafgesetzbuch (StGB), Kommentar, 28. Aufl., München 2010, § 32 (Perron, in: Schönke/Schröder).

4. Sonstige:

Titel:	Veröffentlichung, Zitierweise:
Der Brockhaus	Band 2, 5. Aufl., Wiesbaden 1974, S. 221 (Brockhaus).

Entscheidungsregister EGMR

Soweit möglich, wurde die amtliche und zusätzlich eine deutsche Fundstelle nachgewiesen. Die Entscheidungen des EGMR sind online im Suchportal HUDOC abfragbar (http://cmiskp.echr.coe.int/tkp197/search.asp?skin=hudoc-en (Stand: 15.08.2011)).

Weitere Fundstellennachweise in deutscher Sprache sind abrufbar unter *www.emrg.org* (Stand: 15.08.2011).

Aerts/Belgien, appl. no. 25357/94, Urteil vom 30.07.1998, Rep. 1998-V

Aksoy/Türkei, appl. no. 21987/93, Urteil vom 18.12.1996, Rep. 1996-VI

Al-Adsani/Vereinigtes Königreich, appl. no. 35769, Urteil (GK) vom 21.11.2001, Rep. 2001-XI, EuGRZ 2002, 403

Alver/Estland, appl. no. 64812/01, Urteil vom 08.11.2005

Assanidze/Georgien, appl. no. 71503/01, Urteil vom 08.04.2004, Rep. 2004-II, NJW 2005, 2207

Bilgin/Türkei, appl. no. 23819/94, Urteil vom 16.11.2000

Chahal/Vereinigtes Königreich, appl. no. 22414/93, Urteil vom 15.11.1996, Rep. 1996-V, NVwZ 1997, 1093

Chamaiev u.a./Georgien und Russland, appl. no. 36378/02, Urteil vom 27.01.2005

Cicek/Türkei, appl. no. 25704/94 , Urteil vom 27.02.2001

Costello-Roberts/Vereinigtes Königreich, appl. no. 13134/87, Urteil vom 25.03.1993, Rep. Serie A 247-C, ÖJZ 1993, 707

Dankewich/Ukraine, appl. no. 40679/98, Urteil vom 29.04.2003

Dougoz/Griechenland, appl. no. 40907/98, Urteil vom 06.03.2001, Rep. 2001-II

Dulas/Türkei, appl. no. 25801/94, Urteil vom 30.01.2001

Gäfgen/Deutschland, appl. no. 22978/05 , Urteil (GK) vom 01.06.2010, NJW 2010, 3145

Gäfgen/Deutschland, appl. no. 22978/05 , Urteil vom 30.06.2008 (nicht rechtskräftig), NStZ 2008, 699

Genadiy Naumenko/Ukraine, appl. no. 42023/98, Urteil vom 10.02.2004

Golder/Vereinigtes Königreich, appl. no. 4451/70, Urteil vom 21.02.1975, Seria A, Nr. 18, EuGRZ 1975, 91

Görgülü/Deutschland, appl. no. 74969/01 , Urteil vom 26.02.2004, NJW 2004, 3397

Güveç/Türkei, appl. no. 70337/01 Urteil vom 20.01.2009

İlhan/Türkei, appl. no. 22277/93, Urteil vom 27.06.2000, Rep. 2000-VII

Irland/Vereinigtes Königreich, appl. no. 5310/71 , Urteil (Plenum) vom 18.01.1978, Serie A, Nr. 25, EuGRZ 1979, 149

Kalashnikov/Russland, appl. no. 47095/99, Urteil vom 15.07.2002 , Rep. 2002-IV, NVwZ 2005, 303

Keenan/Vereinigtes Königreich, appl. no. 27229/95, Urteil vom 03.04.2001, Rep. 2001-III

Khoudoyorov/Russland, appl. no. 6847/02, Urteil vom 08.11.2005

Kudła/Polen, appl. no. 30210/96 , Urteil vom 26.10.2000, Rep. 2000-XI, NJW 2001, 2694

Kurt/Türkei, appl. no. 24276/94 , Urteil vom 25.05.1998, Rep. 1998-III

M./Deutschland, appl. no. 19359/04, Urteil vom 17.09.2009, endgültig am 01.05.2010, EuGRZ 2010, 25, NJW 2010, 2495

McCann/Vereinigtes Königreich, appl. no. 18984/91, Urteil (GK) vom 27.09.1995, Serie A, Nr. 324, ÖJZ 1996, 233

McGlinchey u.a./Vereinigtes Königreich, appl. no. 50390/99, Urteil vom 29.04.2003, Rep. 2003-V

Mouisel/Frankreich, appl. no. 67263/01, Urteil vom 14.11.2002, Rep. 2002-IX

Öcalan/Türkei, appl. no. 46221/99, Urteil (GK) vom 12.05.2005, Rep. 2005-IV, NVwZ 2006, 1267

Ostrovar/Moldawien, appl. no. 35207/03, Urteil vom 13.09.2005

Paladi/Moldau, appl. no. 39806/05, Urteil (GK) vom 10.03.2009

Papamichalopoulus u.a./Griechenland, appl. no. 14556/89, Urteil vom 31.10.1995, Serie A, Nr. 330B

Peers/Griechenland, appl. no. 28524/95, Urteil vom 29.04.2001, Rep. 2001-III

Poltoratskiy/Ukraine, appl. no. 38812/97, Urteil vom 29.04.2003, Rep. 2003-V

Pretty/Vereinigtes Königreich, appl. no. 2346/02, Urteil vom 29.04.2002, Rep. 2002-III

Price/Vereinigtes Königreich, appl. no. 33394/96, Urteil vom 10.07.2001, Rep. 2001-VII

Ramirez Sanchez/Frankreich, appl. no. 59450/00, Urteil (GK) vom 04.07.2006, EuGRZ 2007, 141

Raninen/Finnland, appl. no. 20972/92, Urteil vom 16.12.1997, Rep. 1997-VIII

Saadi/Italien, appl. no. 37201/06, Urteil (GK) vom 24.02.2008, NVwZ 2008, 1330

Salman/Türkei, appl. no. 21986/93 , Urteil vom 27.06.2000, Rep. 2000-VII, NJW 2001, 2001

Scordino/Italien, appl. no. 36813/97, Urteil (GK) vom 29.03.2006, Rep. 2006-V, NJW 2007, 1259

Scozzari u.a./Italien, appl. no. 39221/98, Urteil (GK) vom 13.07.2000, Rep. 2000-VII, ÖJZ 2002, 74

Selmouni/Frankreich, appl. no. 25803/94, Urteil vom 28.07.1999, Rep. 1999-V, NJW 2001, 56

Soering/Vereinigtes Königreich, appl. no. 14038/88, Urteil vom 07.07.1989, Serie A, 161, NJW 1990, 2183

Taş/Türkei, appl. no. 24396/94, Urteil vom 14.11.2000, Rep. 2000-XI

Tastan/Türkei, appl. no. 63748/0000, Urteil vom 04.03.2008

Tekin Yildiz/Türkei, appl. no. 22913/04, Urteil vom 10.11.2005

Tomasi/Frankreich, appl. no. 12850/87, Urteil vom 27.08.1992, Serie A, Nr. 241-A, EuGRZ 1994, 101

Tyrer/Vereinigtes Königreich, appl. no. 5856/72, Urteil vom 25.04.1978, Serie A, Nr. 26, NJW 1979, 1089

V./Vereinigtes Königreich, appl. no. 24888/94, Urteil vom 16.12.1999, Rep. 1999-IX

Valasisas/Litauen, appl. no. 44558/98, Urteil vom 24.07.2001, Rep. 2001-VIII

VGT (Verein gegen Tierfabriken), appl. no. 32772/02, Urteil vom 30.06.2009, NJW 2010, 3699

Vilvarajah u.a./Vereinigtes Königreich, appl. no. 13163/87 u.a., Urteil vom 30.10.1991, Serie A, Nr. 215, NVwZ 1992, 869

Yankov/Bulgarien, appl. no. 39084/97, Urteil vom 11.12.2003, Rep. 2003-XII

Zypern/Türkei, appl. no. 25781/94, Urteil (GK) vom 10.05.2001, Rep. 2001-IV

www.ingramcontent.com/pod-product-compliance
Lightning Source LLC
Chambersburg PA
CBHW050927030726
47586CB00005B/1567

* 9 7 8 3 9 5 5 4 9 3 6 0 8 *